…MAIRE UNIVERSELLE

QU

…ANALYSE GÉNÉRALE DES LANGUES

Réduites à leurs radicaux,

…ITES LES UNES AUX AUTRES AU MOYEN D'UNE

…ÈME PASIGRAPHIE

CLAIRE ET SIMPLE

PAR

P. JONAIN

…NCIEN PROFESSEUR DE LANGUES ET DE LITTÉRATURE.

DEUXIÈME ÉDITION

…ement …rigée, et ramenée, pour la partie graphique, à des caractères usuels.

« **Communem** rudibus vocem signare figuris. »
(LUCAIN, liv. III, v. 221.)

Un et le même à tous soit l'art ingénieux
De peindre la pensée et de parler aux yeux.

PARIS

…ES TARDIEU, ÉDITEUR | MÉNARD, LIBRAIRE
…, 13. | Rue des Grès, 20.

1858

TROIS IDÉES

I. LINGUISTIQUE

ESSAI

DE

GRAMMAIRE UNIVERSELLE

OU

ANALYSE GÉNÉRALE DES LANGUES

Réduites à leurs radicaux,

ET TRADUITES LES UNES AUX AUTRES AU MOYEN D'UNE

HÉMI-PASIGRAPHIE

CLAIRE ET SIMPLE

PAR

P. JONAIN

ANCIEN PROFESSEUR DE LANGUES ET DE LITTÉRATURE.

DEUXIÈME ÉDITION

Considérablement corrigée, et ramenée, pour la partie graphique, à des caractères usuels.

« **Communem** rudibus vocem signare figuris. »
(LUCAIN, liv. III, v. 221.)

Un et le même à tous soit l'art ingénieux
De peindre la pensée et de parler aux yeux.

PARIS

LIBRAIRIE DE JULES TARDIEU, ÉDITEUR
Rue de Tournon, 13.

MÉNARD, LIBRAIRE
Rue des Grès, 20.

1858

Voici le bref résumé d'une assez longue expérience d'étude et d'enseignement des langues; deux procédés essentiels en font les bases : 1° analyse *graphique* de la partie grammaticale des langues, et isolément de leurs radicaux, faciles dès lors à comparer et à retenir; 2° traduction par *colonnes* conservant les inversions de l'original, sans faire violence à la langue dans laquelle on l'interprète.

Ces deux opérations s'entr'aident naturellement; mais elles sont aussi, à volonté, tout à fait indépendantes l'une de l'autre; l'adoption d'une seule des deux serait déjà un bien utile progrès.

Les résultats prompts et solides, mais trop restreints, de ces innovations assez simples, nous engagent à en consigner les principes dans un petit monument typographique, où, tôt ou tard, la pratique viendra les recueillir pour les répandre et les perfectionner.

Il y a neuf ans, la lithographie avait timidement commencé cet appel à la notoriété publique; nos *signes* étaient encore un peu incertains, un peu confus; et cependant, un Rapport d'hommes honorables et compétents, dont par intérêt et par reconnaissance nous reproduirons plus loin des extraits, fut très-favorable, et passa de bien loin le ton des encouragements vulgaires.

Aujourd'hui, notre méthode, à la fois simplifiée et complétée, largement expliquée par un précis de grammaire générale, doit, ce nous semble, faire faire un pas à l'abrégement des études linguistiques et à l'intelligence *universelle* des textes sur lesquels on voudra bien l'appliquer.

La connaissance des langues a trois degrés : Vocabulaire, Grammaire, Littérature; ou recueil des mots, loi nécessaire des phrases, règle artistique des compositions.

De constantes recherches, sanctionnées par l'expérience, nous ont fait trouver des moyens pour simplifier et féconder cette triple étude. Voici une exposition sommaire de quelques-uns de ces moyens.

Nous insisterons particulièrement sur nos procédés *graphiques* de grammaire, parce qu'ils sont nouveaux, d'une utilité immédiate dans l'enseignement élémentaire, et susceptibles d'une application générale à *l'unité de langage écrit par tout pays.* Ils nous paraissent résoudre autant qu'il peut être résolu, c'est-à-dire à demi (pour les formes grammaticales et non pour les radicaux), le grand problème d'une PASIGRAPHIE.

Nous nous adressons donc avec confiance aux esprits droits et aux cœurs animés de bonne volonté pour tout ce qui peut faciliter les progrès des enfants et les communications intellectuelles des hommes.

I. VOCABULAIRE.

Les peuples à qui nous devons la merveille inappréciable de l'écriture par lettres, les Indiens probablement, ont bien senti que les lettres, étant l'expression des mouvements que font les organes de la voix, devaient rester classées dans le même ordre que ces organes, en *labiales*, *dentales*, *palatales* et *gutturales*, ou lettres des lèvres, des dents, du palais et du gosier. Tel est, en effet, quant aux consonnes, l'ordre du clavier vocal indien. Ce n'est pas un *alpha bêta gamma;* c'est plutôt un *ma va ba pa*, c'est quelque chose de naturel et de simple, qui doit beaucoup faciliter l'étude de la lecture, et décupler l'utilité comparative des listes de mots ou vocabulaires.

Nous ne savons par où se sont introduits le désordre et l'aberration dans les livres qui traitent de ces éléments; mais, depuis bien des siècles, on y confond toutes les sortes de consonnes; on y fait d'une création un triste chaos; on oblige l'enfant, de par son *abécédaire*, à prononcer des dentales *(d, t, th)* presque avant d'avoir des dents, à grimacer des gutturales *(g, c, k)* aux dépens des douces labiales qu'il aime *(m, v, b, p)*, lui donnant ainsi, dans le premier livre qu'il ouvre, un exemple plus influent qu'on ne pense de l'arbitraire humain, dont on substitue les caprices aux lois si logiques de la nature.

L'ordre natif des voyelles, bien moins important que celui des consonnes, a été mieux conservé; on procède généralement d'*a* en *u*, de la plus grande ouverture de bouche à la moindre. Les voyelles n'ont été que trop respectées. Elles sont la chair, ou, pour mieux dire, le tissu cellulaire des mots; elles les revêtent de couleur et de grâce; mais, mobiles et fugitives comme ces ornements du corps animé, elles ne devaient jamais prévaloir sur les os et les muscles des mots, qui sont les consonnes. Tenir compte des voyelles avant les consonnes dans la classification des termes, c'est briser toutes les familles naturelles, c'est masquer à plaisir les rapports les plus évidents des radicaux entre eux, soit dans la même langue, soit d'une langue à une autre ; c'est écarter, par exemple, à grande distance, les vocables : *main, mener, manière, amener,* etc. ; et ceux-ci : *menace, imminent, éminence;* et ceux-ci : *faim, affamer,* et dix mille autres ; c'est se priver du grand flambeau de l'analogie ; c'est faire des énigmes de ce qui était des révélations.

Nous souhaiterions donc des vocabulaires et surtout des syllabaires *mavabapiques,* c'est-à-dire à peu près dans l'ordre des consonnes ci-dessous :

	LABIALES.	DENTALES.	LINGUALES, PALATALES.	GUTTURALES.
Nasales........	1 M.........	8 N..........	....	20 G.
Demi-aspirées.	2 V...... ..	....	14 J...........	....G.
Douces.........	3 B...... .	9 D..	15 Ch. 18 L..	21 C.
Fortes..	4 P.........	10 T...........	16 S... 19 R..	22 K. 23 Q.
Aspirées... ...	5 F. 6. Ph.	11 Th.........	17 Ç..........	24 H
Sifflées.........	7....... Ps.	12 Z. 13 Tz..	....	25 X.

Un vocabulaire des racines françaises mises dans cet ordre, jetterait par lui-même, et sans hypothèses étymologiques, un jour éclatant sur les origines, les alliances, les combinaisons et les générations de nos vocables, comme sur leur signification juste et précise. Un vocabulaire polyglotte de radicaux dans le même ordre, étonnerait par l'évidence des filiations et des rapprochements.

Nota. Nous avons un travail de ce genre sur les racines grecques réduites de nombre, et applicables aux écoles primaires (dont les élèves parlent grec, sans s'en douter, un bon quart de leur vie).

Mais l'adoption de l'ABCD par la télégraphie électrique semble assurer à cet ordre vulgaire des lettres encore une longue durée. Les autres vocabulaires que nous avions commencés selon l'ordre *mavabapique*, sont peut-être à refondre. Mais, du moins, nous nous servirons de l'*Alfabet universel* de Volney toutes les fois qu'il nous paraîtra expéditif et avantageux.

Passons donc à la Grammaire, où n'existent pas les mêmes fins de non-recevoir.

II. GRAMMAIRE GRAPHIQUE UNIVERSELLE

OU

HÉMI-PASIGRAPHIE.

Des signes *graphiques*, significatifs par eux-mêmes et d'un sens identique pour *tous* les yeux, voilà ce que nous voudrions donner à la grammaire. L'élevant à l'évidence et à l'*universalité* de la géographie, nous voudrions la doter d'une mappemonde.

La grammaire seulement, non le vocabulaire ; car chercher des signes généraux pour les divers radicaux des langues, serait reculer jusque dans les ténèbres des hiéroglyphes, d'où nous avons eu tant de peine à sortir. Conservons donc ces radicaux divers ; laissons à chaque peuple sa *voix* distincte, instrument peut-être indispensable de la spécialité, de l'originalité de sa pensée ; qu'il ait ses radicaux à lui, et que, *dans la langue parlée*, il les modifie par des inflexions, des affixes, des suffixes, des combinaisons particulières ; qu'il ait sa grammaire propre ; ceux qui auront besoin de *parler* sa langue, apprendront de lui sa grammaire.

Mais *dans la langue écrite*, mais pour une page qu'un peuple transmet à un autre, obliger le second à étudier la grammaire du premier, accabler la mémoire sous mille petits détails de convention, presque arbitraires, et qui pourraient si bien avoir les mêmes signes, puisqu'ils ont le même sens (car la grammaire ne dépend pas des variétés de la *matière*, comme les radicaux ; elle tient à l'unité de *l'esprit*, aux procédés de la logique humaine, procédés toujours semblables d'un pays à l'autre) ; ne pas avoir une grammaire universelle, des signes grammaticaux universels, voilà ce qu'un siècle éclairé ne saurait plus longtemps souffrir.

Si tous les peuples ne doivent pas être *d'une seule lèvre*, comme dit la Bible, rien n'empêche plus qu'ils soient *d'une seule lettre*.

Pour atteindre ce but, déjà signalé par les Leibnitz et les Volney, que faut-il faire? Mettre à nu les radicaux ou le *fond des langues*, qui apparaîtra, dès lors, beaucoup plus uniforme qu'il ne semble, et rendre, par des signes identiques aussi clairs et aussi naturels qu'il est possible, les rapports des radicaux, ou la *forme des langues* : voilà ce que nous avons tenté.

Rigoureusement, nous nous sommes posé ce *Problême :*

Réduire chaque langue à ses radicaux propres, et exprimer tous ses éléments grammaticaux par des signes universels les plus simples possible, les plus usuels, les plus intelligibles à tout le monde, de manière qu'il suffise à chacun d'avoir raisonné sa langue maternelle pour transmettre à tous ceux qui ont aussi raisonné la leur l'intelligence exacte et complète du *fond* de sa pensée, par les radicaux des vocables, et de la *forme* de cette même pensée par des signes universels.

Nous avons hasardé, il y a quelques années, un éclaircissement de ce problême, et déjà obtenu des succès d'application et des témoignages encourageants (1). Nous venons proposer aujourd'hui une nouvelle *Solution*. Qu'on veuille bien la suivre, et, pour le mieux, la plume à la main, à travers toute la grammaire.

(1) *Méthode graphique, d'un succès prompt et facile, pour l'enseignement et l'étude des langues, anciennes ou modernes, seules ou comparées, Hémi-Pasigraphie; Bordeaux,* 1848. (Voir plus loin le rapport fait à la Société philomathique de Bordeaux, et les décisions de la Société.)

I. NOM.

« Un jour d'été, pendant que je travaillais à mettre en ordre quelques observations sur les harmonies de ce globe, j'aperçus sur un fraisier, qui était venu par hasard sur ma fenêtre, de petites mouches si jolies, que l'envie me prit de les décrire. Le lendemain, j'y en vis d'une autre sorte, que je décrivis encore. J'en observai, pendant trois semaines, trente-sept espèces toutes différentes ; mais il y en vint à la fin un si grand nombre, et d'une si grande variété, que je laissai là cette étude, quoique très-amusante, parce que je manquais de loisir, ou, pour dire la vérité, d'expression. »

Ces trois *phrases* de Bernardin de Saint-Pierre se composent de cent et quelques mots, qui ne sont pas tous de la même espèce, et qui n'ont pas la même valeur, le même emploi, dans l'expression de la pensée.

On peut distinguer huit espèces de mots :

Le Nom ou Substantif, comme *jour, été, observation, fraisier, mouches ;*

L'Adjectif, comme *petites, jolies, différente, grande ;*

Le Pronom, comme *il, y, en ;*

Le Verbe, comme ÉTAIT, *décrivis, vint, laissai ;*

La Préposition, comme *à, de, sur ;*

L'Adverbe, comme *si, très ;*

La Conjonction, QUE, *pendant* QUE, *mais, quoi*QUE ;

Et l'Interjection, dont il n'y a pas d'exemple dans ce morceau, mais qui n'est qu'un cri de joie ou de douleur, comme *ah ! oh ! hé !*

Il est indispensable, pour bien exprimer sa pensée et pour bien comprendre celle des autres, de savoir définir et analyser partout ces huit espèces de mots.

On reconnaît chez nous qu'un mot est *Nom* ou *Substantif*, quand on peut mettre convenablement devant lui les petits mots *un, une, des*. Nous pouvons dire : *un jour, un été, une observation, un fraisier, des mouches*. Voilà des *Noms*.

Le *Nom* désigne une chose, une existence, une substance qu'on peut toucher, voir ou entendre, comme *fraisier, mouches*, ou qu'on peut seulement se figurer dans la pensée, comme *observation, hasard, envie*. La première de ces deux variétés comprend les *Noms physiques* ou *concrets* (matériels, accrus avec une chose); la seconde, les *Noms moraux* ou *abstraits* (intellectuels, séparés de la chose).

Le *Nom* est donc le mot qui rappelle la substance sans la qualité, ou la qualité prise comme substance.

Dans les *Noms physiques*, on peut encore distinguer les *Noms propres :* ce sont ceux qui peuvent bien, si l'on veut, recevoir avant eux le mot *un* ou *une*, mais qui n'en ont pas besoin pour désigner une chose seule de son espèce et tout à fait distincte des autres : *un Jacques, une Louise, un Bordeaux*, ne disent guère plus dans le langage ordinaire que *Bordeaux, Louise, Jacques*. Vous objecterez qu'il y a pourtant plusieurs Jacques, plusieurs Louises. Oui, mais ces personnes n'ont pas été nommées ainsi parce qu'elles se ressemblaient en quelque chose, comme on appelle *fraises* des fruits qui ont entre eux certains rapports de forme et de goût. Le *Nom propre*, à l'opposé du *Nom commun*, ou nom de classe, est donné à une chose ou à une personne pour la distinguer particulièrement, individuellement de toutes les autres.

Les *Noms* subissent des modifications de *genre*, selon qu'ils rappellent l'un ou l'autre sexe, et de *nombre*, selon qu'ils s'appliquent à un être, à deux ou à plusieurs.

Maintenant, passons ensemble un traité fort simple :

convenons que tout substantif sera *précédé* d'un petit signe, unique pour le *singulier*, double pour le *pluriel*, double entre ( ) pour le *duel*, et posé en haut de la ligne d'écriture pour le genre *masculin*, en bas pour le *féminin*, au milieu de la ligne pour le *neutre*.

Par luxe de clarté, commençons, comme les Allemands, les substantifs par une lettre majuscule, mais les substantifs *concrets* seulement, afin de nous réserver la distinction instructive des noms *abstraits*, qui auront, sans majuscule, le signe *avant* eux pour le *nombre*, le *genre* et.... le *cas*, troisième modification des noms.

Voici les cas : le nom *sujet*, faisant l'action, sera précédé d'une astérisque (deux au pluriel), comme d'un petit soleil; le nom *objet*, subissant l'action, aura à sa suite un ou deux petits ronds, sortes de planètes; l'*appellatif*, le chiffre 2, seconde personne du discours; le *possessif*, la virgule retournée, déjà usitée pour le même fait en anglais, sous forme d'apostrophe; l'*attributif*, un petit triangle ou delta grec ; le *locatif*, un accent circonflexe, représentant ici une petite toiture.

Les noms actifs, terminés par *teur*, *trice*, en français, pourront être *suivis* du crochet tourné en avant [, notre symbole général d'activité et d'avenir.

Voilà les *Substantifs* complètement et *graphiquement* analysés; nous voilà en mesure de n'en plus écrire en lettres que les radicaux, sans les finales ou autres accessoires, qui ne servent qu'aux rapports de grammaire. (Voyez le tableau graphique.)

C'est à vous, Instituteurs, de faire apprendre ces accessoires pour chacune des langues que vous enseignez ; de dire, par exemple, en règle générale pour le français, que la consonne *s* termine les *Noms* au pluriel, et la voyelle *e* muet les mots féminins, le tout sauf de nombreuses exceptions. Ayant écrit littéralement en radicaux purs, et analysé graphiquement beaucoup de *Noms,* vous ferez dire et écrire aux élèves toutes les minuties grammaticales de genre et de nombre (plus tard de *cas*) ; cet exercice tiendra lieu de l'absurde et nuisible cacographie. Pratiquez-le beaucoup sur toutes les espèces de mots ci-après ; mais que les élèves ne passent à une espèce nouvelle qu'après avoir bien acquis, par ce moyen, l'analyse raisonnée et l'orthographe usuelle de l'espèce précédente. *Experto credite ;* vous serez étonnés des progrès.

Ne négligez pas, à l'occasion, d'expliquer les divers sens *propres* et *figurés* des mots, la composition des radicaux et leur étymologie. Ce que les enfants apprennent le mieux, c'est ce qui ne fait pas l'objet direct de la leçon : ils préfèrent les promenades au voyage.

II. ADJECTIF.

On reconnaît qu'un mot est *Adjectif* lorsque, avant ou après, on peut mettre convenablement le mot *personne* ou le mot *chose : jolie personne, chose amusante,* forment un sens ; les mots *jolie, amusante,* sont donc des *Adjectifs.*

Contre-épreuve : Il n'est pas possible de placer *un, une, des* devant les *Adjectifs* seuls, comme devant les *Noms.* On dit pourtant, répliquerez-vous, *une bonne, un sage, des heureux.* Oui, mais c'est au moyen de quelque nom sous-entendu ; c'est comme s'il y avait *une femme bonne, un homme sage, des gens heureux.* L'usage de sous-entendre des mots pour abréger le discours est très-fréquent, et se nomme *ellipse* (manquement, défaillance). On peut sous-entendre toute espèce de mots ; à la fin de la citation qui commence ce traité, dans ce membre de phrase : « Parce que je manquais de loisir, ou, pour dire la vérité, d'expres-pression, » il y a ellipse du verbe : « *je manquais* d'expression. »

La figure de grammaire opposée à l'ellipse est le *pléonasme* (remplissage), quand on ajoute, pour donner plus de force au discours, quelque mot qui semble superflu : *Il assista en personne ; il signa de sa main.*

L'*Adjectif* est donc le mot *ajouté* au *Nom,* pour donner à ce *Nom* quelque *qualité,* ou une signification plus particulière, plus *déterminée.*

Aussi y a-t-il deux sortes d'*Adjectifs :* les *qualificatifs* et les *déterminatifs.*

Les uns et les autres prennent, la plupart du temps, le genre et le nombre du *Nom* auquel ils sont ajoutés : l'*Adjectif* est un habit que le *Substantif* ajuste à sa taille.

1° ADJECTIFS QUALIFICATIFS.

Nous les analyserons absolument comme les *Substantifs*, mais en les faisant *suivre*, et non *précéder*, de leurs signes d'analyse.

On peut voir déjà quel avantage offrent nos signes graphiques dans les langues qui séparent l'*Adjectif* du *Nom* : l'œil n'en reconnaît pas moins l'accord, à quelque distance qu'ils se trouvent l'un de l'autre dans la phrase. Analysez, par exemple, par nos moyens, les noms et les adjectifs de ce vers de Virgile : *Vere novo, gelidus canis cùm montibus humor Liquitur.* (Au printemps nouveau, glacée blancs quand des monts l'eau coule), et ne vous bornez pas à ce vers. (Voyez nos exemples.)

Les *Adjectifs* en *able*, *ible*, *uble*, ont un sens actif ou passif : ils seront suivis d'un crochet tourné en avant pour le sens actif, comme *capable;* en arrière pour le sens opposé, comme *aimable*, *possible*, *soluble*; le crochet en arrière] sera notre symbole général du *passif* et du *passé*.

Quand l'adjectif précède immédiatement son substantif, il est inutile de les analyser tous les deux. C'est ce que l'anglais a parfaitement compris, mais, faute de signes, il se voit obligé à faire que l'*Adjectif* précède toujours le *Nom*, ce qui est priver la langue d'une riche variété.

Degrés de signification.

Les *Adjectifs qualificatifs*, ceux-là seulement, sont employés à trois degrés différents de signification : au *positif*, au *comparatif*, au *superlatif*.

1° Le *positif* est l'adjectif simple appliqué à *un seul* nom, comme nous venons de le voir : *de petites mouches* (et non pas *des* petites mouches, parce que l'adjectif est le premier); *des montagnes blanches*.

2° Le *comparatif* est l'adjectif accompagné de l'idée

plus, aussi, ou *moins :* une montagne *plus blanche* qu'une autre, *aussi blanche* qu'une autre, ou *moins blanche* qu'une autre. Le *comparatif* a donc lieu quand l'adjectif est appliqué à *deux* noms de même nature, que l'on *pèse,* pour ainsi dire, ensemble dans les balances d'une même qualité ; le premier peut peser plus, c'est le comparatif de *supériorité ;* il peut peser autant, c'est *l'égalité;* il peut, enfin, peser moins, c'est l'*infériorité.*

Nous exprimerons ces trois comparatifs par les signes mathématiques $>$ pour *plus*, $<$ pour *moins,* et les deux barres égales $=$ pour *aussi, autant,* signes que l'on placera selon le génie des diverses langues, avant ou après l'adjectif analysé. Le *que* conjonction qui suit, sera une barre verticale un peu forte **|** . (Voyez les *Conjonctions.*)

3° Le *superlatif* est l'*Adjectif* accompagné de l'idée *très* (trois fois), *fort, bien,* ou *le plus :* Un homme *très-juste, fort juste, bien juste,* ou l'homme *le plus juste.* Dans le premier cas, avec *très, fort, bien,* le *superlatif* est dit *absolu :* le nom est élevé à un haut degré de qualité en lui-même, et sans que l'on songe à d'autres noms auxquels la même qualité peut être attribuée. Nous exprimerons ce *superlatif* par le signe de multiplication $\times$, ou, plus fortement, par le même signe en forme de double dièze ·⁑·

(Le dièze simple et le simple bémol seront consacrés aux *augmentatifs* et aux *diminutifs,* soit *Adjectifs,* soit *Noms*).

Dans le second cas, lorsqu'il y a *le plus* ou *le moins* devant l'*Adjectif,* le *superlatif* est *relatif :* le nom est mis, dans sa qualité, au-dessus ou au-dessous de toute une *classe* d'individus portant le même titre. Nous rendrons ces *superlatifs* en joignant au signe $>$ pour *le plus,* au signe $<$ pour *le moins,* les petits traits de l'*article,* que nous allons bientôt voir.

A faire observer que, dans presque toutes les langues,

les *Adjectifs* les plus usuels, comme *grand*, *petit*, *bon*, *mauvais*, forment leur comparatif de supériorité en un seul mot et irrégulièrement : *moindre* ou *plus petit; meilleur* au lieu de *plus bon*, qui ne se dit pas ; *pire* ou *plus mauvais*, etc.

On ne confondra pas *pire* avec *pis*, qui est un *Adverbe;* même différence entre *moindre* et *moins*. La plupart de ces adjectifs courants, pour ainsi dire, pourraient très-bien s'exprimer *universellement*.

Longs exercices sur l'analyse graphique des *Noms* et des *Adjectifs qualificatifs*, et lecture de leurs radicaux analysés.

2° ADJECTIFS DÉTERMINATIFS.

Déterminer veut dire borner, limiter, restreindre. Les *Adjectifs déterminatifs* sont donc ceux qui réduisent le *Substantif* à une signification plus précise, plus particulière, plus rapprochée de celle du *nom propre*, du nom d'individu.

Ce sont les *articles*, les adjectifs *conjonctifs*, *démonstratifs*, *possessifs*, *numéraux*, *interrogatifs* et *indéfinis*.

1° Les *Articles*, dont plusieurs grammairiens font une neuvième espèce de mots, sont justement ces monosyllabes *le, la, les; un, une, des*, dont nous avons déjà senti le besoin.

Le, la, les, est l'*article défini* ou qui définit ; c'est l'adjectif *déterminatif* par excellence. Comparez entre elles ces phrases : *Un voyageur* (peu connu) ; *le voyageur* dont nous lisons les récits ; LE *voyageur*, type du genre, Ulysse, Cook, Levaillant, Caillé. *Hommes, femmes, enfants, couraient à ce spectacle;* c'est vague, indéterminé ; *les hommes, les femmes, les enfants y coururent;* c'est plus précis, plus complet ; mais voici qui est tout à fait déterminé : *les hommes que vous attendiez, les femmes du voisinage, les enfants de vos amis.* Exemple plus frappant encore : *ils étaient mille, sans femmes ni enfants;* il n'y avait que des hommes : *ils étaient mille, sans les femmes et les enfants,* qui s'y trouvaient aussi, et que l'on ne compte pas.

Les *articles définis* seront remplacés, en Hémi-Pasigraphie, par un petit trait oblique en montant pour le masculin, oblique en descendant pour le féminin, horizontal pour le neutre; signes redoublés pour le pluriel.

Un, une, des, quand il ne sert pas à compter précisément, est l'*article indéfini.* Sa seule force déterminative est de prendre un individu ou quelques individus de l'espèce, mais sans désigner lesquels. Comparez : *Un voyageur a passé ; le voyageur a repassé.*

Nous exprimerons les *articles indéfinis* par l'*x* algébrique, placé sur ou sous la ligne d'écriture, ou dans cette ligne, selon le genre, et simple ou redoublé selon le nombre. L'idée *quelque* et le nom indéfini *on, l'on,* auront le même signe.

2° L'*adjectif conjonctif, qui, que, lequel, laquelle, dont, à qui,* etc., aura pour signes graphiques les mêmes traits que l'*article défini*, mais posés verticalement sur ou sous la ligne de l'adjectif, ou en travers de cette ligne, selon le genre. Ces traits seront suivis des signes de cas ou de *déclinaisons,* comme les autres adjectifs.

3° Les *Adjectifs démonstratifs ce, cette, ces, celui, celle, ceux, ceci, cela,* seront suppléés par les mêmes petits traits que l'*article* et le *conjonctif,* mais horizontaux, avec point dessus pour le masculin, dessous pour le féminin, dessus et dessous pour le neutre. Ils prendront, cela va sans dire, le redoublement du pluriel.

Et il ne sera pas moins facile d'arriver à la précision du latin, *hic, iste, ille;* de l'italien, *questo, cotesto, quello :* ce qui est près de moi, un point; ce qui est près de toi, deux points; ce qui est près de lui ou près d'elle, trois points. Quelle intelligence pourra hésiter ? (Voir le tableau.)

4° Les *chiffres* 1, 2, 3, sur ou sous la ligne de l'*Adjectif*, ou en travers de cette ligne, selon le genre, doublés pour le pluriel, expriment très-nettement les *adjectifs possessifs mon, ton, son, notre, votre, leur, nos, vos, leurs.* Il nous paraît rationnel d'en rapporter le genre et le nombre au possesseur, comme en anglais, le nom de la chose possédée n'étant jamais loin et se déterminant lui-même. Au besoin, un ou deux points, dessus ou dessous, lèveront toute ambiguïté.

Pour les adjectifs possessifs elliptiques, *le mien, la tienne, les vôtres*, etc., il suffira, comme en français, d'ajouter l'*article.* (Voyez toujours le tableau.)

5° *Adjectifs numéraux :* Les chiffres encore, mais d'un caractère plus gros, et suivis, au besoin, des signes de cas, s'ils sont *ordinaux*. Les adjectifs de nombres *cardinaux* peuvent s'en passer.

Premier pourra se dire α, *alpha;* A majuscule, s'il est *principal;* dernier, ω, *oméga; tout* quelconque, z; *tout entier, az ;* en grec : $\alpha\omega$.

6° *Adjectifs interrogatifs :* Naturellement, l'x, l'inconnu, avec un point d'interrogation renversé au-dessus, au-dessous ou à côté, selon le genre; redoublé pour le nombre. *Lequel des deux? xy?*

7° Enfin, cette même lettre x, et y, sa sœur en algèbre, conviendront parfaitement aux *adjectifs indéfinis : un* quelconque, *l'un :* x; *autre, l'autre :* y ; *l'un et l'autre :* $x+y$; *l'un l'autre,* xy ; *autant l'un que l'autre :* $x=y$; majorité : $x>$; minorité : $<x$; *l'un sans l'autre :* xoy ; *ni l'un ni l'autre :* $x)(y$; *nul :* $)x$; *rien :* $)0$. La parenthèse tournant le dos à la chose, comme pour en exclure l'existence, sera notre signe de négation.

Le même : $\times$, signe musical de renvoi. *La même :* $\times$ *Seul :* (1); *seule :* (1). Le point, supérieur ou inférieur, pour distinguer les genres, est applicable à toute cette septième classe.

Un mot sur la place de l'*Adjectif :* Nous avons dit qu'il se met avant ou après le *Nom;* ce n'est pourtant pas indifféremment. Plusieurs adjectifs, en changeant de place, changent de sens. Exemples : *Un auteur pauvre, un pauvre auteur ; certain fait, un fait certain ; grand homme, homme grand,* etc.

Tout ce qu'on peut dire en règle générale, applicable au plus grand nombre des langues, c'est que l'adjectif d'ornement, de poésie, d'imagination, qu'on nomme alors *épithète,* se place avant le nom : *une blanche main, une blanche colombe;* et que l'adjectif de nécessité, de sens rigoureux, de calcul précis, se met après le nom : *Avoir les mains blanches; acheter des pigeons blancs.*

Cette règle souffre beaucoup d'exceptions; mais bien que la formule en soit nouvelle (du moins nous ne l'avons vue nulle part), l'application en est antique et fort intéressante à vérifier. La poésie latine, par exemple, affecte non seulement de placer l'épithète avant le nom, mais de les séparer par quelques mots; la marche contraire est toujours exceptionnelle en vue de quelque effet particulier, qu'elle manque peu.

L'anglais est plus borné dans ce choix ; presque toujours, ses adjectifs se placent avant les noms; et voilà que les Français, par une imitation malheureuse, tendent à confondre cette gêne avec leur sage liberté. Nous avons rencontré des tournures aussi anti-françaises que celles-ci : *régulier mouvement, réelle émotion, précise idée.*

En appelant de tous nos vœux et de tous nos efforts une demi-écriture universelle, nous ne souhaitons pas moins vivement que chaque langue *parlée* conserve son génie propre, son individualité ; qu'elle reste ce que les Grecs appelaient très-bien un idiome.

III. PRONOM.

Le *Pronom* est le mot qui s'emploie *pour le nom*, à la place du nom : « De petites mouches si jolies, que l'envie me prit de *les* décrire (ces mouches).... *J'y en* vis (de ces mouches, là, en ce lieu).... Il *en* vint (de ces mouches). »

Rigoureusement, il n'y a de *Pronoms* que *il, elle, eux, elles, lui, leur, y, en,* et *le, la, les, Pronom* adjectif, qu'il ne faut pas confondre avec l'article.

Nous exprimerons tous ces *Pronoms* par le chiffre 3, simple ou redoublé, selon le nombre, et placé au-dessus, au-dessous ou en travers de la ligne, selon le genre, et avec les signes de déclinaison (1).

Leur, pronom qui ne prend jamais *s*, doit se distinguer en français de *leur*, *leurs*, adjectif possessif : « Je *leur* dirai (à eux ou à elles, pronom), que *leurs* lettres (adjectif possessif) me sont parvenues. » En toute langue, les points sur ou sous le chiffre pour l'adjectif, et absents pour le pronom, rendront cette distinction visible dans notre Hémi-Pasigraphie.

Y, pronom de lieu toujours, et *en*, pronom de lieu quelquefois, se noteront, en ce sens, le premier par un *x* sous une parenthèse horizontale, le second par *x* sur la parenthèse inverse : $\overset{\frown}{x}$, $\underset{\smile}{x}$. *Y,* en effet, semble plus fixe, et *en* indique une idée de sortie.

Se, soi, nom ou pronom réfléchi, sera le chiffre 3 suivi du crochet tourné en arrière ; déclinable comme les autres chiffres personnels.

(1) Notons une fois que lorsque ces signes de déclinaison apparaissent, comme ils se placent haut ou bas ou en région moyenne, selon le genre, ils peuvent très-bien dispenser de hausser ou de baisser l'adjectif ou le pronom qu'ils accompagnent.

Je, tu, nous, vous, ne sont point exactement des *Pronoms;* ils disent quelque chose de plus que le nom qu'ils remplacent : *tu me parles; Joseph parle à Pierre;* quelle différence entre ces deux locutions appliquées aux deux mêmes personnes ! Dans la seconde forme, on ne voit ni que c'est *toi* qui parles, ni que c'est *moi* qui écoute. Aussi, Condillac a très-bien appelé *je, me, moi, tu, te, toi, nous, vous,* des *Noms personnels.*

Nous devons cependant les indiquer par le chiffre 1 pour la personne qui parle, 2 pour celle à qui l'on parle, chiffres placés et modifiés comme le vrai *Pronom* 3.

Lorsqu'on dit *nous* pour *moi,* ou, plus fréquemment, *vous* pour *toi,* dans les langues du moyen-âge, on redoublera 1 ou 2 en les plaçant entre parenthèses.

Jusqu'ici, notre analyse graphique fait donc reconnaître, du premier coup-d'œil, trois espèces de mots : les *Noms,* les *Pronoms,* les *Adjectifs,* soit à leur forme, soit à la simple place qu'occupent leurs signes.

Passons au *Verbe;* nous pouvons nous y promettre la même clarté.

IV. VERBE.

Le *Verbe*, le *mot* par excellence, affirme ou nie la convenance, la coexistence (existence ensemble) du *Nom* et de l'*Adjectif*, de la substance et de la qualité. Exemple : « l'homme *est* imparfait ; l'homme *n'est pas* parfait. » (Où l'on voit, par parenthèse, que nos prétendus jugements négatifs ne sont que des affirmations détournées.) Le *Nom* s'appelle alors le *sujet*, et l'*Adjectif* s'appelle l'*attribut*.

Un nom devient souvent attribut. Exemple : « Erreur n'est pas *compte*. »

Le sujet, et surtout l'attribut, sont fréquemment composés de plusieurs mots. Exemple : « Un fraisier qui (sujet) était (verbe) venu par hasard sur ma fenêtre (attribut). »

Il n'y a qu'un verbe : *Être, étant, je suis, je fus, j'ai été, je serai*, avec toutes ses formes et modifications, qu'il faut soigneusement apprendre et conjuguer plusieurs fois par écrit, en isolant ou soulignant celles de ses finales qui se conservent dans les verbes adjectifs.

Ce *Verbe* s'attache, en effet, à la fin de beaucoup de radicaux d'adjectifs pour composer un seul mot que, par extension, l'on appelle aussi *Verbe : je travaillais* pour *travaillant j'étais ; j'aperçus, apercevant je fus*, etc., etc.

(Faire décomposer ainsi beaucoup de verbes adjectifs, et analyser plusieurs phrases en leurs sujet, verbe et attribut, trinité qui constitue une Proposition. Ne pas confondre avec Préposition, et ne pas distinguer encore les Propositions d'espèces différentes.)

Tout *Verbe*, chez nous, sera enclos entre deux barres verticales, modifiées avec simplicité, et pourtant de manière à répondre à toutes les exigences. Le radical du verbe substantif *être* sera remplacé par un simple tiret : |—|. Il pourra en être de même pour les *signes* de quelques verbes formés sur des adverbes, des prépositions ou des conjonctions (voir le tableau); mais, en général, tout verbe adjectif aura son radical encadré . |aim|.

Il faut d'abord distinguer les *personnes*, ou les trois rôles de la parole; nul embarras à cet égard : nous avons les chiffres pronominaux 1, 2, 3, redoublés au pluriel, et que nous placerons, selon le genre, au-dessus ou au-dessous de la ligne, ou, pour le neutre, sur cette ligne même, soit avant, soit après le verbe, selon le génie de la langue ou le sens de la phrase.

Lorsqu'un pluriel est mêlé des deux genres, ce sera chose curieuse et nouvelle de l'indiquer, en plaçant un des chiffres personnels au-dessus et l'autre au-dessous.

Il va sans dire que si les chiffres pronominaux sont déjà exprimés dans la phrase, on pourra se dispenser de les répéter, pourvu que le sens demeure clair.

Il s'agit ensuite de marquer les *temps*; la coexistence du sujet avec l'attribut est présente, passée ou à venir, et il y a diverses nuances de futur et de passé; ces époques du verbe peuvent être facilement pasigraphiées : le présent, *je suis*, aura les deux barres simples : |—|.

L'imparfait. *j'étais*, qui tient du présent et du passé, aura deux barres en arrière du radical et une en avant : ||—|.

Le parfait, *j'ai été*, trois barres en arrière : |||—|.

L'aoriste, *je fus*, aura deux barres et un point en arrière : |·|—|.

Le plus-que-parfait, *j'avais été*, deux barres et deux points : |··|—|.

Le futur, *je serai*, deux barres en avant et une en arrière : |—||.

Le futur passé, *j'aurai été*, deux barres en arrière et deux en avant : ||—||.

Viennent ensuite les *modes*, ou les modifications qui expriment les *rapports du verbe aux sentiments de la personne qui parle*, selon qu'elle affirme simplement, ou que son affirmation dépend d'une autre proposition, ou que l'on commande, ou qu'on ne fait que nommer le verbe, ou qu'on n'en prend que l'élément adjectif.

Le *mode* affirmatif ou *indicatif (je suis, j'étais, je fus, je serai)*, etc., n'ajoutera rien chez nous à la forme des *temps* que nous venons d'exposer, et sera reconnaissable à cette simplicité même.

Les *modes* du doute, de la crainte, du désir, le *conditionnel* et le *subjonctif* ou *optatif (je serais, que je sois, fussions-nous)*, etc., auront, le premier un point d'interrogation renversé, et le deuxième un point d'exclamation retourné aussi, afin que l'on ne confonde pas ces signes avec ceux de la ponctuation ordinaire.

Le mode *impératif*, ou du commandement, qui ne peut guère modifier qu'un temps futur, aura sa deuxième barre verticale changée en flèche descendante, puisque le commandement vient d'en haut. Les langues qui emploient ce mode au présent, ou même à l'aoriste, n'ont qu'à métamorphoser en flèche la barre de temps correspondante. Exemples : *sois*, |—| ↓ ; *sois immédiatement*, |—↓ ; *aie été*, ↓·|—|.

Au *mode infinitif*, le verbe est un nom, et un nom nécessairement neutre ; il aura donc, *avant le milieu* de sa première ligne verticale, un signe de déclinaison : *Je veux être :* [1] |voul| ∘|—|.

Par le mode *Participe*, le verbe passe au rang d'adjectif ; il sera *suivi* de signes de cas vers le haut, le bas ou le milieu de la ligne, selon les genres.

Voilà les variantes de forme qui appartiennent à tous les *Verbes*, y compris le *Verbe* par excellence, le *Verbe substantif (être, je suis)*. Aussi, ferait-on bien, au lieu d'embarrasser les élèves par des dénominations de *temps*, sur lesquelles on n'est pas toujours d'accord, telles que *passé défini* ou *indéfini, aoriste, prétérit antérieur,* etc., etc., ferait-on bien, disons-nous, de les interroger par les formes typiques du verbe *être*. Comment fait tel verbe adjectif aux formes *je fus, nous aurions été, vous eûtes été, soyez, que je fusse,* etc.? D'autant mieux que c'est réellement le verbe *être* qui varie, et nullement le *radical* d'adjectif avec lequel il est combiné.

Les modifications qui nous restent à étudier, les *voix*, ou les *degrés et nuances d'action,* ne sont applicables qu'aux *Verbes adjectifs,* aux combinaisons d'un *Adjectif* et du *Verbe être*.

Cette combinaison n'exprime-t-elle aucune action, comme *je dors, je souffre, je meurs?* C'est alors la *voix neutre* : elle s'écrira comme le verbe *être,* qui se trouve toujours à cette voix. *Je dors* : ¹ |dor|.

Y a-t-il action, soit sans objet ou régime direct, comme *j'y vois, j'écris,* soit avec un objet exprimé : *je vois une mouche, j'écris une lettre?* C'est la *voix active, intransitive* dans le premier cas, *transitive* dans le second.

Ici, les simples barres verticales commenceront à se changer en crochets tournés en avant [pour l'action, en arrière] pour la patience.

L'*active intransitive* n'aura qu'un crochet, le premier : Que faites-vous? Je regarde : ¹[regard|.

L'*active transitive* aura le second, plus prêt à porter son action au dehors : Je vois quelqu'un : ¹|voi[*x*°.

Il y a une voix *sur-active*, doublement active (HIPHIL, en hébreu), *faire faire, faire venir;* elle prendra naturellement les deux crochets . [[.

L'action est-elle éprouvée, soufferte par le sujet du verbe, au lieu d'être exercée par ce sujet? C'est la voix *passive* (patiente) : *je suis regardé*. Le premier crochet sera tourné en arrière :] |.

L'action revient-elle sur le sujet, qui, alors, la faisant sur lui-même, se trouve sujet et objet tout à la fois, comme dans *je me regarde,* ou sujet et terme, comme dans *je me dis,* c'est la voix *réfléchie, directe* ou *indirecte.* Celle-ci aura le second crochet en arrière : *je me parle :* ¹ |parl] ; l'autre aura rétrogrades ses deux crochets : *je me sens :* ¹] sent].

La *moyenne* grecque et la *déponente* latine ont rapport à la *réfléchie.*

Enfin, deux ou plusieurs sujets font-ils l'action l'un sur l'autre, ou les uns sur les autres, c'est la voix *réciproque ;* elle peut être *directe* ou *indirecte,* comme la *réfléchie ;* on peut *se battre,* l'un l'autre, ou se *dire des injures,* l'un *à* l'autre. Nous ne distinguerons pas cette nuance, et nous mettrons toute voix réciproque entre deux crochets qui se regardent [ ], soit pour se mordre, soit pour s'embrasser, soit pour s'adresser des menaces ou des compliments.

(En français, toute voix réfléchie ou réciproque, directe ou indirecte, se conjugue avec l'auxiliaire *être,* au lieu d'*avoir : je me suis fait mal,* et non pas : *je m'ai fait ; je me suis blessé ; elle s'est aperçue,* etc.)

Il y a finalement quelques autres formes que l'on pourrait rapporter aux *voix.*

La forme *itérative* ou *fréquentative,* terminée en latin par *tare, itare :* les deux crochets dos à dos] [, agissant tour à tour, revenant en arrière pour recommencer, nous semblent l'exprimer assez bien ; le sens augmentatif appelle un dièze ; le diminutif un bémol.

La forme *inceptive,* en latin *escere, calescere,* s'échauffer, bien différent de *calere*, avoir chaud : un point d'interrogation direct remplacera la seconde barre : |—?

La forme *désidérative,* finissant en latin par *urire* (peut-être d'*urere,* brûler), comme *esurire,* avoir faim, désirer de manger, sera, par le point d'exclamation direct, fort clairement indiquée : |—!

Rien ne nous empêche, pour abréger, d'exprimer l'incidente *dit–il*, *dirent–ils*, par une ou deux *clés de fa*, et *dit–elle, dirent-elles*, par une ou deux *clés de sol.*

Voilà tout le verbe, en six personnes, sept temps, sept modes et douze voix.

A l'aide de ces simples figures, l'analyse grammaticale du *Verbe*, si confuse par les procédés ordinaires, si perdue dans un chaos de paroles obscures, se trouve *peinte* aux yeux et à l'intelligence presque en un seul trait. (Voyez le tableau graphique.)

Il reste à dire quelques mots de la conjugaison.

C'est l'ensemble de toutes les formes d'un *Verbe* mises par ordre et sous le même *joug;* les temps, avec toutes leurs personnes du singulier, du pluriel (et du duel), doivent passer horizontalement dans tous les modes qui peuvent les recevoir. Suivez toujours cette manière de conjuguer ; c'est celle de Burnouf et de la raison.

Il y a quatre types de conjugaison pour les verbes adjectifs français, selon qu'ils sont terminés en *er, ir, oir, re.* Leurs formes principales, qui donnent toutes les autres, se trouvent dans les dictionnaires ; ce sont celles qui correspondent aux formes :

Être, étant, été, je suis, je fus, je serai. Exemples : *aimer, aimant, aimé; j'aime, j'aimai, j'aimerai; finir, finissant, fini, je finis* (long), *je finis* (bref), *je finirai; recevoir, recevant, reçu, je reçois, je reçus, je recevrai; rendre, rendant, rendu, je rends, je rendis, je rendrai.*

Il faut savoir par cœur, dans chaque langue, ces formes principales de tous les *Verbes adjectifs.*

SYNTAXE DES VERBES.

La *syntaxe* est *l'arrangement* grammatical des mots et leur modification suivant leurs rapports.

Il y a la syntaxe de *régime*, par laquelle les mots exercent et marquent leur action les uns sur les autres;

Et la syntaxe d'*accord*, par laquelle ils s'attirent et s'harmonisent au même nombre, au même genre, à la même terminaison, chute ou *cas*.

Régime.

La note du *Nom* ou *Pronom* qui est le régime ou complément direct, immédiat (sans particule entre les deux, sans *Préposition*), l'*objet*, en un mot, d'un *Verbe* actif, est un petit rond planétaire °, comme nous l'avons déjà énoncé.

Et le petit triangle ᴬ, ou la petite toiture ^, est la note de tout *Nom* ou *Pronom* qui est le régime ou complément indirect, médiat (au moyen d'une *Préposition*), le *terme*, en un mot, d'un *Verbe actif*, *passif*, *neutre*, *réciproque* ou *réfléchi*. Quand la clarté du sens l'exigera, la *Préposition* sera néanmoins exprimée.

Accord du sujet, et, notamment, des participes.

Le *Verbe* s'accorde avec son *sujet* en nombre et en personne : *j'imagine, nous imaginons, ils imaginent*. Quelquefois, un sujet singulier, quand il éveille des idées de pluralité, met le *Verbe* au pluriel : *la plupart s'imaginèrent*. C'est ce qu'on appelle une *syllepse*, ou *compréhension* des idées malgré les mots. C'est, avec l'ellipse et le pléonasme, déjà expliqués, la troisième et dernière *figure de grammaire*. Quelques-uns y ajoutent cependant l'*inversion*, ou variété d'ordre dans les mots de la phrase ; mais cette figure n'existe dans chaque langue que relativement à une autre langue ; on ne s'en aperçoit guère que par la traduction, qui fait observer que les idiomes sont plus synthétiques ou plus analytiques les uns que les autres.

L'accord des *participes* est plus compliqué, surtout en

français. Néanmoins, les volumes que l'òn a écrits là-dessus nous paraissent, ainsi que beaucoup d'autres, réductibles à très-peu de pages.

Il y a en français le *participe* de la forme *étant*, et le *participe* de la forme *été*.

1° Le premier, en *ant*, reste invariable tant qu'il est réellement *participe,* tant qu'il n'exprime qu'un état ou une action de circonstance, une modification accidentelle ou partielle du *Nom*. Exemples : *Les lois, obligeant tout le monde, devraient être connues de tout le monde. Ces enfants, dormant toujours, ne peuvent étudier. Elle gisait mourant de froid, ne vivant que d'espérance.*

Étant, lui-même, et *ayant*, demeurent toujours *participes* invariables, et néanmoins ne peuvent guère être précédés de la *Préposition* (nous ne disons pas du *Pronom*) *en*, qui constitue si bien invariables les autres *participes* de cette forme : *en riant*, dit-on très-bien, *en dormant*; au lieu qu'*en ayant*, *en étant*, ne se disent presque pas.

Mais quand ces formes verbales en *ant* deviennent des *Adjectifs*, c'est-à-dire quand elles qualifient le *Nom* d'une manière essentielle, entière, absolue, elles s'accordent avec lui comme les autres adjectifs. Exemples : *Quelle personne obligeante! L'eau dormante est la plus à craindre. La sœur est mourante, les frères sont vivants. Des faces riantes d'allégresse et de santé.*

2° Le *participe* de la forme *été* suit la même logique : il s'accorde quand il est *Adjectif*, ce qui se connaît s'il est ou peut être uni au *Verbe être*, gardant sa vraie signification : *Nous sommes sauvés. Elles ont été prises. Des gens battus. Des fleurs cueillies. Des prunes confites.*

Mais si ce *participe* est joint au *Verbe avoir* ou au *Verbe être* mis pour *avoir* (dans les voix *réfléchies* et *réciproques*), il reste alors *participe* et ne varie pas : *Nous avons sauvé dix personnes. L'armée a pris la fuite. Elles ont battu les gerbes, cueilli les fleurs, confit des prunes. Elles se sont donné du plaisir.*

Exception (qui ne peut être attribuée qu'à l'euphonie) : le *participe* de la forme *été*, joint au *Verbe avoir* ou au *Verbe être* mis pour *avoir*, s'accorde avec son *objet*, SI CET OBJET SE TROUVE AVANT LUI : *Les personnes* que *nous avons sauvées. La route était belle ; ils l'ont prise. Les gerbes, on* les *a battues. Les fleurs* que *l'on a cueillies. Les fruits* que *nous avons confits. Les passe-temps* qu'*elles se sont donnés.*

Quelquefois, en ce cas, le participe est suivi d'un infinitif ; c'est à l'intelligence à discerner si le *que, lequel, laquelle,* conjonctifs, ou les pronoms *le, la, les,* sont l'objet de l'infinitif ou bien celui du participe.

Voici pour cela un moyen matériel : ils seront l'objet de l'infinitif et laisseront, par conséquent, le participe invariable, si cet infinitif actif peut être changé en voix passive : *La romance que j'ai entendu chanter* (ou *être chantée*).

Ils seront l'objet du participe et le forceront à s'accorder avec eux, si l'infinitif peut se traduire par la forme en *ant : La personne que j'ai entendue chanter* (ou *chantant*).

Parfois, l'infinitif est sous-entendu, ce qui ne change rien : *il a obtenu toutes les grâces qu'il a voulu* (*obtenir*).

La méthode qu'on a prescrit d'étudier (qu'elle soit étudiée) ; *que* est l'objet d'*étudier*.

Les enfants qu'on a exhortés à étudier (à être étudiant) ; *que* est l'objet du *participe*.

Le *Pronom en*, lors même qu'il est l'objet du *participe* et avant lui, a quelque chose de trop vague pour motiver l'accord :

> « Combien en as-tu *vu* ? Je dis des plus huppés. »
>
> (RACINE.)

Le peu de... que est-il négatif ? Point d'accord : *Le peu de peine qu'on a pris pour cette plante l'a fait périr ;* on n'a pris aucune peine.

Le peu de... que est-il affirmatif? Le *participe* qui suit s'accorde avec le nom exprimé : *Le peu d'eau qu'on lui a donnée l'a fait revivre.*

Avec un peu d'exercice, surtout des dictées et de l'analyse graphique, en voilà, selon nous, bien assez pour se tirer de toutes les difficultés du *participe.*

V. PRÉPOSITION.

La *Préposition* est, avec le nom, l'adjectif et le verbe, une des quatre espèces de mots indispensables à toute langue.

La connaissance exacte des *Prépositions* est bien réellement le quart de la science linguistique ; donnons donc à ce court chapitre une grande attention.

La *Préposition* tire son nom de ce qu'elle se met devant *(præ)* les substantifs (bien que dans quelques langues elle se place après). Elle est invariable, sauf des affinités de lettres.

Elle a pour fonction, pour fonction *précise* et *unique*, d'exprimer un rapport de *position* ou de *mouvement* entre les *Noms*, soit qu'il s'agisse du temps, soit qu'il s'agisse du lieu. (Encore une définition que nous croyons nous appartenir.)

S'il est donc une espèce de mots dont l'intelligence puisse être donnée à fond par des signes graphiques, c'est bien celle-ci. C'est elle qui nous a suggéré nos premiers signes.

Nous proposons la parenthèse ou la demi-parenthèse horizontale pour les prépositions de lieu ;

Et le crochet ou le demi-crochet horizontal pour les prépositions de temps.

Et, comme les prépositions se divisent en prépositions de *repos* ou de coexistence et en prépositions de *mouvement*, celles-ci subdivisées elles-mêmes suivant les rapports de *départ*, de *direction* et de *trajet*, nous consacrons au repos le signe *plus* +, et au mouvement la *flèche*, diversement combinée avec les crochets et les parenthèses, de manière à *dessiner* exactement toutes les nuances de mouvement qu'expriment les prépositions.

Voir le *tableau général* des signes, et, plus fructueusement encore, prendre la peine de le composer soi-même, la plume à la main, à l'aide des indications suivantes :

PRÉPOSITIONS DE REPOS.

Avec. . . . . (simple coexistence), un seul signe *plus*.
Avec. . . . . (idée de multiplicité ou d'échange), μετα grec, deux signes *plus*.
En présence de *(coràm)*. . . . trois signes *plus* en triangle.
En présence de tous *(palàm)*. . (voir les adverbes), quatre signes, formant place publique.
Devant *(præ)*. . . . . la demi-parenthèse supérieure posée horizontalement comme une courbe du globe terrestre, et, ensuite, le *plus*.
Derrière. . . . . le signe *plus*, en arrière, la demi-parenthèse ensuite.
Avant, après. . . . . s'il s'agit du temps, remplacez la demi-parenthèse par le demi-crochet.
Pour. . . . . (idée de défense ou d'échange), la demi-parenthèse entre deux signes *plus*.
Pour, quant à. . . . . le signe *plus* entre deux demi-parenthèses horizontales qui excluent.
Près de. . . . . deux demi-parenthèses horizontales qui se suivent.
En, dans. . . . . le signe *plus* dans la demi-parenthèse inférieure; dans le demi-crochet, s'il s'agit du temps.
Sur. . . . . la demi-parenthèse supérieure.
Sous. . . . . la demi-parenthèse inférieure.
Chez. . . . . un V renversé, Λ, figurant une tente ou un toit.
A de repos *(at* anglais). . . . . même signe.

PRÉPOSITIONS DE DÉPART.

Sans *(sine)*. . . . . (privation absolue), zéro entre parenthèses.
Sans *(absque)*. . . . . (privation de ce que l'on a eu), zéro suivi d'une demi-parenthèse.
De *(à, ab)*. . . . . (simple éloignement), demi-parenthèse ou demi-crochet supérieur suivi d'une flèche qui s'en va.
De, *(è, ex)*. . . . . (sortie, extraction), mêmes signes posés verticalement et suivis de la flèche.
De *(de)*. . . . . (mouvement de haut en bas), une flèche qui descend, verticale.
Selon (κατα) . . . . (chute et conformité), deux flèches qui descendent.

PRÉPOSITIONS DE DIRECTION.

A, vers (*ad*). . . . . la simple flèche en avant.
Re (en composition), retour. . la flèche en arrière.
Sus (en composition). . . . . . flèche qui monte verticalement.
Jusqu'à. . . . . la flèche horizontale et puis le signe *plus*.
Entre deux. . . . . la flèche entre deux points.
Entre plusieurs, parmi. . . . la flèche entre quatre points.
Autour, de deux côtés, αμφι . les deux crochets qui se regardent.
Autour, de tous côtés, περι. . le cercle.
En, dans, ès. . . . . la flèche entrant dans la demi-parenthèse.
Sur. . . . . (avec mouvement), la flèche au-dessus de la demi-parenthèse.
Sous. . . . . (avec mouvement), la flèche au-dessous.
En deça, au delà de. . . . . . flèches obliques avant ou après la demi-parenthèse.
En dedans de (*intrà*). . . . . flèche entre parenthèses qui se regardent.
En dehors de (*extrà*). . . . . entre parenthèses qui s'excluent.
Contre. . . . . deux flèches opposées par la pointe.
Loin de. . . . . deux flèches opposées par les plumes.
Vis-à-vis. . . . . deux flèches opposées par la pointe, mais séparées par le signe *plus*.
A la suite de (*ponè*). . . . . . deux flèches qui se suivent.
Devant, avant . . . . } (avec mouvement), comme pour le repos, en
Derrière, après. . . . . } mettant des flèches au lieu de parenthèses.
A cause de (*ob*). . . . . } le signe *plus* et puis la flèche en arrière.
Eu égard à (*erga*). . . . . . . }
Au devant de (*obviam*). . . . deux flèches qui se regardent, séparées par un tiret horizontal.

PRÉPOSITIONS DE TRAJET.

A travers (*per*). . . . . la flèche qui a la pointe entre les parenthèses horizontales.
Au delà. . . . . la flèche qui les a traversées.
Outre, à côté de (*prœter*). . . *idem*, mais les parenthèses tournées dos à dos.

Inutile de rappeler que, pour le *temps* en place du *lieu*, les crochets suppléeront les parenthèses.

Rien de plus facile que de faire des verbes avec ces signes de prépositions encadrés entre les barres verticales qui désignent le verbe. Exemples : aller : |—▻| ; venir : |◅—| ; monter : |↑| ; descendre : |↓|, etc., etc. (Voyez le Tableau.)

VI. ADVERBE.

L'*Adverbe* est un mot composé d'une *Préposition* et d'un *Nom : sagement* signifie *avec sagesse, d'un sage esprit* (du latin *mente*).

On appelle ce mot *Adverbe*, parce qu'on l'ajoute aux *Verbes adjectifs* pour en modifier le sens : *agir sagement.*

Il se joint aussi aux simples *Adjectifs : sagement religieux, parfaitement bon.*

Beaucoup d'*Adjectifs* s'emploient comme *Adverbes : lire haut, frapper fort.* C'est par ellipse de la *Préposition* et du *Nom :* lire (d'un ton) haut, frapper (à coup) fort.

L'*Adverbe* n'a point de complément; il ne régit aucun mot ; c'est à quoi on le distingue de la *Préposition* et de la *Conjonction*, qui introduisent, l'une un substantif, l'autre un membre de phrase.

L'*Adverbe*, d'ailleurs, est invariable ainsi qu'elles, sauf les degrés comparatifs et superlatifs, qu'il peut monter comme un *Adjectif.*

Les radicaux d'*Adverbes*, à part quelques-uns, ne supporteront, dans notre système, aucune notation graphique; c'est à quoi on les reconnaîtra, et ce qui permettra de les écrire en abrégé, en les faisant suivre du point et virgule retourné, signe de cette abréviation.

Mais il nous sera extrêmement facile de pasigraphier plusieurs adverbes de *lieu*, de *temps*, de *quantité*, etc., etc. Voyez en le Tableau, pour l'employer, au moins d'une manière facultative, à la différence des prépositions dont l'usage est de rigueur pour l'analyse et la traduction universelles.

VII. CONJONCTION.

La *Conjonction* est un petit mot invariable qui sert à mettre en rapport, non pas deux autres mots, comme la *Préposition,* mais deux *propositions* tout entières.

Et, ou, deux des principales conjonctions, semblent en vain réunir ou opposer de simples mots ; ils sous-entendent une seconde proposition : avoir du talent *et* du goût, c'est avoir du talent et (avoir) du goût. La bourse *ou* la vie : donne la bourse ou (donne) la vie.

Que, autre conjonction si banale, suppose aussi une ellipse : je crois *qu'*il viendra ; je crois (une chose) *que* (ou qui est celle-ci) : il viendra. C'est bien sensible en grec.

Que va entrer dans la plupart de nos *Conjonctions.* Nous l'exprimerons par la barre verticale simple | ; et cette barre, seule ou redoublée, droite, oblique, croisée, changée en signe de racine mathématique, en Y, en ×, en $\sqrt{\ }$, caractérisera toutes les *Conjonctions.* (Voir le Tableau.)

Veuillez vous rappeler que notre *adjectif conjonctif, qui, lequel, laquelle,* etc., etc., est déjà une portion de cette barre ; il annonce toujours, en effet, une nouvelle *proposition* dite *incidente,* en analyse logique. Eh ! bien, la *Conjonction* annonce une *proposition subordonnée.* Ce sont les deux acolytes dont la *proposition principale* a souvent besoin.

Mais avant d'expliquer et de figurer l'analyse logique, nous avons encore à donner un VIIIe et bref chapitre de grammaire.

VIII. INTERJECTION.

C'est un reste des cris primitifs du langage d'action, comme *oh! ah! hé!* C'est toujours l'ellipse d'une ou de plusieurs propositions que l'on n'a pas le temps d'énoncer, mais que ce cri fait vivement sentir, ce qui est encore mieux que de les faire comprendre. Un *hélas!* un simple soupir, disent souvent que l'on souffre, plus que ne le diraient de longues phrases.

Nous toucherons aux interjections moins encore qu'aux adverbes. Nous les écrirons tout entières. Le point d'exclamation ! qui, dans le texte, accompagne toujours les interjections, les fera suffisamment distinguer. Elles sont par elles-mêmes de la pasigraphie.

TABLEAU GÉNÉRAL DES SIGNES.

Signa omnibus una.

ARTICLES DÉFINIS :

	Masc.	Fém.	Neutre.
Singulier :	/	\	—
Pluriel :	//	\\	=
Duel :	(//)	(\\)	=

INDÉFINIS :

	Masc.	Fém.	Neutre.
Singulier :	x	x	x
Pluriel :	xx	xx	xx
Duel :	(xx)	(xx)	(xx)

SUBSTANTIFS :

(Commencent par une majuscule.)

(Sujet) sing. : **Hom* **Fem* **Templ*
plur. : ***Hom* ***Fem* ***Templ*

ADJECTIFS :

Singulier : *bon** *bel** *sanct**
Pluriel : *bon*** *bel*** *sanct***

Appellatif : *²Hom* *₂Fem* *²Templ.* (Chiffre de la deuxième personne doublé au pluriel, et entre ( ) pour le duel, comme tous les signes suivants :

Possessif : *‘Hom*, etc., virgule retournée, l'apostrophe du possessif anglais.

Attributif : *ᴬHom* *ₐFem*, etc., un petit delta grec.

Locatif : *^Hom* *ₐFem.* Le circonflexe représentant une sorte de toit.

Objectif : *°Hom* *₀Fem.* Le sujet ayant l'étoile, l'objet aura la planète.

Les quatre signes de déclinaison sont applicables à l'article, mais sans qu'on les redouble, l'article indiquant son genre et son nombre.

Si l'article précède immédiatement le nom ou l'adjectif qu'il détermine, il suffit de décliner le nom. De même quand celui-ci est précédé immédiatement de son adjectif. Ex. : | x *vérit*] **Ami* |—|³ x *Chose rare**!

Le signe] après *vérit* indique un adjectif de sens passif : *véritable.*

Les adjectifs de sens actif auront le même signe tourné en avant : *courage*[signifiera *courageux.* — Le substantif abstrait s'écrit sans majuscule : **ami....* (*tié*).

L'augmentatif aura un dièze : ♯, le diminutif un bémol : ♭, à droite du mot, si le sens est en bonne part, à gauche, s'il ne l'est pas.

Comparatif d'infériorité : <, d'égalité : =, de supériorité : >, que : |.

Superlatif : ×.

Noms personnels et Pronoms :

Sing. :	*je* :	^{1}	$_{1}$	1	*me*, objet : °1; *me*, terme : ^1, etc.
Plur. :	*nous* :	^{11}	$_{11}$	11	*nous*, pour *moi* : (11)
	tu :	^{2}	$_{2}$	2	
	vous :	^{22}	$_{22}$	22	*vous*, pour *toi* : (22)
	il :	^{3} *elle* :	$_{3}$		*le* : °3 *la* : ₀3 *lui* : ^3, ˄3
	ils :	^{33} *elles* :	$_{33}$	*lui* et *elle* : $\frac{3}{3}$	*les* : °33 *leur* : ^^33 ou : $\overset{\circ 3}{3}$, $\overset{\wedge 3}{3}$
	en :	$\underset{\smile}{x}$,	*y* pronom : $\overset{\frown}{x}$,	*se* : °3],	*de soi* : ‘3], etc.

Adj. possessifs : Ces mêmes chiffres personnels, avec un ou deux points dessus, dessous ou à côté, selon les genres; le chiffre exprimant le possesseur, et le point la chose possédée.

Exemples : *ma*, à moi homme : $\overset{1}{\cdot}$ à moi femme : $\underset{\cdot}{1}$ *nos* : $\overset{11}{\cdot\cdot}$ $\underset{\cdot\cdot}{11}$

mon. . . . . $\dot{1}$ . . . . $\underset{\cdot}{\dot{1}}$ *mes* : $\ddot{1}$ $\underset{\cdot\cdot}{\ddot{1}}$

Votre : $\dot{22}$ ou $\overset{22}{\cdot}$, $\dot{}_{22}$ ou $\underset{\cdot}{22}$; *leur* : $\dot{33}$ ou $\underset{\cdot}{33}$ ou $\frac{3}{3}$; *leurs* : $\ddot{33}$

Adj. numéraux : Les chiffres encore, en caractères plus forts. *Premier* : α (alpha); *dernier* : ω (oméga); *seul* : (1); *seulement* : (1)!

Adj. démonstratifs :

		Masc.		Fém.		Neutre.
Singulier :	*celui-ci* (hic) :	$\overset{\cdot}{—}$	*celle-ci* :	$\underset{\cdot}{—}$	*ceci* :	$\overset{\cdot}{\underset{\cdot}{—}}$
Pluriel :	*ceux-ci* :	$\overset{\cdot}{=}$		$\underset{\cdot}{=}$		$\overset{\cdot}{\underset{\cdot}{=}}$
	celui-là (iste) :	$\overset{\cdot\cdot}{—}$	*celle-là* :	$\underset{\cdot\cdot}{—}$	*cela* :	$\overset{\cdot\cdot}{\underset{\cdot\cdot}{—}}$
	ceux-là :	$\overset{\cdot\cdot}{=}$		$\underset{\cdot\cdot}{=}$		$\overset{\cdot\cdot}{\underset{\cdot\cdot}{=}}$
	celui-là là bas (ille) :	$\overset{\cdot\cdot\cdot}{—}$		$\underset{\cdot\cdot\cdot}{—}$		$\overset{\cdot\cdot\cdot}{\underset{\cdot\cdot\cdot}{—}}$
		$\overset{\cdot\cdot\cdot}{=}$		$\underset{\cdot\cdot\cdot}{=}$		$\overset{\cdot\cdot\cdot}{\underset{\cdot\cdot\cdot}{=}}$

Adj. conjonctif : *qui*, *lequel* : | *laquelle* : | *quod* : | } déclinable.
Pluriel : || || ||

Adj. indéfinis : qui? *x*¿ lequel des deux? *xy*¿ l'un : *x*, l'autre : *y*; l'un l'autre : *xy*, l'un et l'autre : *x*+*y*, ni l'un ni l'autre : *x*)(*y*; le même : $\dot{\times}$ (renvoi musical), la même : ×, neutre : ×· (doubler le point au pluriel) : tout quelconque : *z*; pluriel : *zz*; tout entier : *az*; on : *x*; majorité : *x*>; minorité : <*x*; nul :)*x*; rien :)0. La parenthèse ainsi à rebours exclut l'existence.

VERBES.

Verbe substantif, *Être :* |–| Verbes adjectifs : | radical, ou signe graphique. |

Personnes : Les chiffres posés selon leur genre et leur nombre.

Temps : — *Modes.*

	INDICATIF.	CONDITIONNEL.	SUBJONCTIF.	IMPÉRATIF.	INFINITIF (1).	PARTICIPE (1).
Présent :	|–|	·|–|¿	|–|¡		|–|	|–|
Imparfait :	||–|		||–|¡	}	||–|	||–|
Parfait :	|||–|	|¿|–|	|¡|–|	}		
Aoriste :	|·|–|					
Plus-que-parf[t]	|··|–|		|¡·|–|			
Futur :	|–||	|–|¿|	|–|¡|	|–|$\frac{|}{\nabla}$	|–||	|–||
Futur passé :	||–||					

Exemples. — Indicatif présent : *vous êtes,* 22|–|; imparfait du subjonctif : *que nous fussions,* 11||–|¡ ; conditionnel passé : *elle aurait été,* 3|¿|–|; aoriste : *ils furent, elle et lui,* $\frac{3}{3}$| · |–| ; plus-que-parfait du subjonctif : *que j'eusse été,* 1|¡· |–|; impératif (futur) : *soyez,* |–|$\frac{|}{\nabla}$22 ; futur passé : *tu auras été,* 2||–||.

Voix.

neutre.	*active intransitive.*	*active transitive.*	*sur-active.*
·|–|	[–|	|–[	[–[
devenir.	regarder.	voir telle chose.	faire faire, faire bâtir, etc.
Passive.	*réfléchie indirecte.*	*réfléchie directe.*	*réciproque directe ou indirecte*
]–|	|–]	]–]	[–]
être pris.	se faire mal.	se blesser.	se battre (l'un l'autre), se dire des injures.
inceptive (latin *escere*).	*désidérative* (latin *urire*).	*itérative augmentative.*	*itérative diminutive.*
|–?	|–!	]–[♯	]–[♭
calescere, se réchauffer.	*esurire,* avoir faim.	*jactare,* vanter.	*dictitare,* répéter souvent.

---

(1) L'infinitif et le participe se distinguent en ce qu'ils sont déclinés, l'un comme nom neutre, et l'autre comme adjectif.

Signes facultatifs pour quelques verbes très-usités :

Faire, |[|; souffrir, |]|; commencer, |?|; finir, |·|; avoir, |=|; pouvoir, |>| (être plus grand); falloir, |<|; savoir, |△|; devoir, |▽|, naître, |◡|; mourir, |◠|; donner, |*[; recevoir, |○|; ouvrir, |][|, fermer, |[]|.

PRÉPOSITIONS

Et Verbes qu'on en peut faire au moyen de | |, comme l'anglais au moyen de *to*.

Repos :		Verbes a en déduire :
Avec, αμα........	+	
Avec, μετα.........	++	Assembler : |++|
En présence de....	+ / ++	
En présce de tous.	++ / ++	Publier : |++ / ++|
Devant, *præ*..	⌒+	
Derrière...........	+⌒	
Pour............. ..	+⌒+	Défendre, protéger : |+⌒+|
Quant à...	◡ / + / ⌒	
Près de......	⌒⌒	
En, dans.	+ / ◡	
En, dans (pour le temps)..........	+ / ⊔	
Sur.................	⌒	Couvrir : |⌒|
Sous...............	◡	Découvrir : |◡|
Chez...............	∧	Loger : |∧|
Départ :		
Sans, *absque*.......	(0)	Dépouiller : |(0)|
Sans, *sine*.........	0)	Priver de, abstraire : |0)|
De { *à, ab*.........	⌒—▻	Éloigner : |⌒—▻|
De { *è, ex*.........	)—▻	Sortir : |)—▻|
De { *de*...........	↓	Descendre : |↓|
Selon..............	↓↓	Conformer : |↓↓|

Direction. — **Verbes a en déduire :**

A, vers .... —▷ — Aller : |—▷|

Re, en composition ◁— — Venir : |◁—|

Sus, en compositon ↑ — Monter : |↑|

Jusqu'à .... —▷+

Entre-deux .... :—▷

Entre plusieurs .... ⁞—▷ — Mêler : |⁞—▷|

Autour, αμφι ..... [ ]

Autour, περι ..... ○ — Entourer : |○|

En, dans .... —▷) — Entrer : |—▷)|

Sur .... —▷/⌣ — Surpasser : |—▷/⌒|

Sous .... ⌒/—▷

En deçà de ... . ↙⌒

Au delà de .... ⌒↘ — Outrepasser : |⌒↘|

Intrà .... (◁—)

Extrà ....)—▷(— Exclure : |)—▷(|

Vis-à-vis de .... —▷+◁—

Contre .. .. —▷◁— — Se rencontrer : |—▷◁—|

Ponè .... —▷—▷ — Se croiser : |—▷/◁—|

Devant, avant ...... +—▷ — Précéder : |+—▷|

Derrière, après .... —▷+ — Suivre : |—▷+|

Ergà, ob .... +◁— — Observer : |+◁—|

Obviam, au devant de —▷—◁—

Loin de. .... ◁——▷ — Se séparer : |◁——▷|

Trajet :

Per, à travers ...... —▷⊂⊃ — Traverser, pénétrer : |—▷⊂⊃|

Trans, au delà de .. ⊂⊃—▷ — Franchir : |⊂⊃—▷|

Prœter, outre ..... ≍—▷ — Passer à côté, oublier : |≍—▷|

S'il s'agit du temps, au lieu de l'espace, la parenthèse sera remplacée par le crochet horizontal : ⌐¬ ou ⌞⌟, indifféremment.

Ces deux pages sont de la plus grande importance pour l'analyse des langues et pour la décomposition, c'est-à dire la vraie intelligence des mots ; par exemple : être intelligent c'est [⁞—▷ *legere*|, choisir parmi.

ADVERBES.

Tous les radicaux d'Adverbes seront suivis du point et virgule retourné. Ainsi : *douc⸵ long⸵* signifient *doucement*, *longuement*. La même ponctuation affectera les prépositions devenant Adverbes.

Pasigraphie de quelques Adverbes.

LIEU :	VERBES A EN DÉDUIRE :
Où interrogatif : ⌒¿ ; où affirmatif : ⌒•	Placer : |⌒•|
Ici.......... ⌒1 ; *hinc :* ‘⌒1 ; *huc :* °⌒1 ; *hâc :* ^⌒1	
Là, où tu es ⌒2 , etc.	
Là, où il est ⌒3 , etc.	
Ailleurs : ⌒y ; quelque part : ⌒x ; nulle part : ⌒0	Utopie : ⌒*0 (subst.)
Partout : ⌒z ; en beaucoup de lieux : ⌒✕ ; en peu de lieux : ⌒b	
Près : ⌒11 ; loin : ⌒33 ; voici : ☞ ; voilà : ☜	Indiquer : |☞|
En haut : ☝ ; en bas : 👇 ou : ↑⸵ ↓⸵	

TEMPS :	
(Ici cette position] indique le passé ; celle-ci [, l'avenir.)	
Quand interrogatif : ⌴? ; quand affirmatif : ⌴•	
Maintenant : ⌴1 ; alors : 3] ; autrefois : 33]	
Une autre fois : ⌐y¬ ; souvent : ⌴✕ ; rarement : ⌴b	Répéter : |⌴✕|
Toujours : ⌐z¬ ; quelquefois : ⌐x¬ ; jamais : ⌴0	
Bientôt : [11 ; récemment : 11] ; déjà : ⌴11	Hâter : |[11|
Un jour, à venir : [x ; un jour passé : x]	
Pas encore : ⌴01 ; encore, *iterùm :* ⌴•• ; *adhuc :* ⌴•••	Tarder : |⌴01|
Ensuite : ⌐¬ ; de suite : ⌐¬⌐¬ ; tout de suite ⌐//¬	
Longtemps : ⌴10 ou ⌴100 (siècle) ; peu de temps ⌴/	Durer : |⌴100|
A peine, *vix :* ⌴bb ; à peine, *ægrè :*)〰⸵ (difficilem[t])	
Aujourd'hui : [; demain : |[; après-demain : ||[; hier :]| , etc.	
Cette semaine : [7 ; ce mois-ci : [30 ; le quantième : $\frac{10}{2}$, à la J.-J. Rousseau.	
Cette année : [12 ; l'année prochaine : |[12 ; l'an passé : 12]|	

QUANTITÉ :	VERBES A EN DÉDUIRE :
Combien : ×¿ ou ×¡ ; autant : = ; tant = ¡	
assez =) ; pas assez, presque :)=	Suffire : |=)|
Moins, peu : < ; beaucoup : × ; trop : ××	
Trop peu : ×<× ; peu à peu : <—<	
Au plus : —> ; au moins : —< ; du moins : ‘<	
Même, *etiam* : ⁚⁚ ; non pas même : ⁚)⁚	
En vain : —0)0	
AFFIRMATIONS :	
Oui : ( ) ; certes : □	Affirmer : |□|
NÉGATIONS :	
Ne, ni, *in* négatif latin, *a* privatif grec :)	
Non :)(	Nier : |)(|
Non seulement :)ı) ; hormis : ⌣⌢	Excepter : |⌣⌢|
ADVERBES DIVERS :	
Peut-être : ?¿	Chercher : |?¿|
Par hasard : ?¿?	Trouver : |!¡|
	Trouver par hasard |!¿|
Pêle-mêle : ⌣⊓	Confondre : |⌣⊓|
Tour à tour : ⌢⌣	Alterner : |⌢⌣|

CONJONCTIONS

Et VERBES qu'on peut en former.

Que............ |

AUGMENTATIVES :

Et.............. † Ajouter : [†|

Que............ ┼

Atque.......... ┼ ou ┼┼

COMPARATIVES :

Comme. .... ‖ Comparer |‖[

Comment.... . |¿ ou : |¡

C'est-à-dire .. :|

Item, yet anglais :|:

Dit-il.......... 𝄢 (clé de *fa*).

Dirent-ils...... 𝄢𝄢

Dit-elle. .... 𝄞 (clé de *sol*).

Direntelles... 𝄞𝄞

Parler [𝄢| ou |𝄞|

Se taire |𝄽| (soupir)

CAUSATIVES :

Pourquoi...... V‾¿ Questionner |V‾¿|
Parce que..... V‾ Répondre |V‾|
Puisque....... ⊾
Or............ ⟨ Raisonner |⟨|
Donc.......... V‾¡ Conclure |V‾¡|
Car............ _Λ

HYPOTHÉTIQUES :

Si.............. ¿ Supposer |¿|
Ou............. Y Douter : |Y|
An latin...... Y¿
ειπερ, ... ¿Y¿
Ut, afin que... Y¡ Souhaiter |Y¡|

Ne, de peur que —< Craindre |—<|
Loin de ou que >— Défendre, Prohiber : |>—|

ADVERSATIVES :

μεν, *quidem*.... L
δε, *autem*..... ˥
Tamen, cependant ˥L
Mais........... X S'opposer |X|
Pourvu que... ¬ obstacle futur.
Quoique....... ∟ obstacle passé.
A moins que.. ⌙⌐ Empêcher |⌙⌐|
Mais encore... :||:
Quand même.. ≡ Braver : |≡[

INTERJECTIONS.

Les écrire telles quelles, excepté, si l'on veut :

Utinam, plaise à Dieu, plût à Dieu...... ¡Y¡
Vœ, malheur à.............................. !Y!

BREFS EXEMPLES D'APPLICATION.

(Espacer les signes de manière à ce qu'on ne soit pas tenté de les confondre.)

LETTRE COMMERCIALE.

1 |–| × fâch* ‘) *|>[|—▹+plir[‘10 ╲ ₒ+miss
ₒ ^1 (22)||| [[╱ °honn ‘^1 |*[: ⫽ Prun 33|–| ×
ar** [12, † ⫽Raisin** 33|–|)—▹(‘prix.

Que lirait, à première vue, dans cette lettre, TOUT négociant qui urait consacré quelques heures à l'étude de notre Hémi-Pasigraphie? Ceci :

« Je suis très .... de ne pouvoir accom.... de longtemps la com.......
» que à moi vous avez fait l'....... de me donner : les .... sont très ....
» cette année, et les .... sont hors de ..... »

Sur 36 signes, il a huit radicaux, moins d'un quart à chercher dans son dictionnaire polyglotte, le plus sûr et le moins coûteux des interprètes. Voilà donc la langue écrite rendue universelle *aux trois quarts*, moyennant huit jours de travail.

NOTRE ÉPIGRAPHE EN PLUSIEURS LANGUES.

LATIN : *Communem rudibus vocem signare figuris.*

FRANÇAIS : (1) † ẋ ^22 |–|¡ ╱*Art ±géni*.
‘ |peind[╲ₒpens † ‘ [parl| ^^ ⫽Yeu.

ITALIEN : Premier vers absolument semblable, sauf le genre du radical : ╲*Art.*
‘ |ping[╱ ° pensier † ‘ [parl| ^^ ⫽Occh.

ESPAGNOL : Premier vers, comme pour l'italien.
‘ |pint[╱ ° pensier † ‘ [habl| ^^ ⫽Ojo.

ANGLAIS : Premier vers semblable, sauf le radical : —*Art*, qui est censé neutre.
‘ |paint[—‘ ₒthought † ‘ [speak| ^^Eye.

ALLEMAND : (1) † ẋ ^zz |–|i ╲ * Kunst sinnreich*
‹ |malen[╱ °Gedanke † [sprechen| ^^Auge.

GREC : (1) † ẋ ^^zz |–|i ╲ *τεχν δεξι*
‹ |γραφ[— ο νοημ † ‹ [λαλ| ^^ //Οφθαλμ.

Le grec, le latin, l'allemand, présenteraient des inversions relativement au français; c'est à quoi obvie bien facilement notre *traduction par colonnes*. Exemple :

communem °					commune (à tous).
rudibus ^ ^		(par de) simples			
° Vocem				(une) langue	
|signare[	noter				
^ ^ Figuris.			traits		

Si vous lisez ligne par ligne, vous avez la construction latine : « Commune par de simples une langue noter traits; » si vous lisez colonne par colonne, vous avez la construction française.

Le texte, dans sa colonne, est analysé graphiquement; les radicaux écrits plus gros que leurs modifications grammaticales, se retiennent mieux et se comparent plus avantageusement à leurs analogues en français : *rud*, rude (primitif); *Voc*, voix; *sign*, signe, signaler; *Figur*, figure (de *fingere*, travailler l'argile).

Les langues synthétiques ne sont plus démolies par l'absurde *mot à mot*, qui empêche à jamais de les comprendre.

Les dix premières pages d'un auteur latin, grec, hébreu, indou, ainsi préparées, suffiraient pour enseigner les inversions et la grammaire de la langue, et permettraient d'*hémi-pasigraphier* le restant du livre en lignes courantes, *sur les seuls radicaux* frappant nettement la mémoire et bientôt compris *de tous les lecteurs*, qui en auraient saisi *d'un coup d'œil tous les rapports*. Oh! ⌞!⌟, quand verra-t-on les avantages et la facilité de cette idée! quel gain immense sur la peine et sur le temps

HÉMI-PASIGRAPHIE

Du texte qui sert d'introduction à cette Grammaire.

x ^Jour ‘Été, —▷⊐ | 1|[travail| —▷ |mettr[—▷)
^Ordr xxo oobservat ⌒ ⑊ ∧∧harmoni ‘⊥ ‘Globe,
|·|apercev[⌒ x ^Fraisier | |·|ven| ?¿? ⌒ 1 ∧Fe-
nêtre xx<oo Mouche ×¡ joli oo | ╲* envie 1° |·|prend[
33o ‘ ||crire[. ⁄ |[⌒x x⌣ 1|·|voir[‘x y ‘sorte,
o 1|·||crire[⊔. x⌣ 1|·|observ[—▷⊐ 3∧∧Semain
37 ooespèce zz différent oo. × ⌒x x⌣ 3|·|ven|. —▷
╲λfin x ×¡ > *nombre † ‘x ×¡ > ∧variété
1|·|laiss[⌒3 ⊤ oétude, ⊢ × amuso[, √ 1||manq|
loisir, Y, +⌒+ |dir[╲ovérité, ‘(—▷pression.

Le calcul montre que l'on a épargné les deux tiers des mots (et l'on pourrait en pasigraphier encore davantage, comme *semaine*, *différent*, *venir*, *vérité*, etc.) Multipliez par le nombre des langues dans lesquelles on peut avoir à traduire, et vous verrez quelle économie de vocabulaires !

TRADUCTION PAR COLONNES.

L'Hémi-Pasigraphie pourrait très-bien se combiner avec un procédé de traduction que nous allons exposer, mais qui en est complètement indépendant. Il a été fructueux dans notre enseignement et plus généralement accepté que notre première Pasigraphie, qui, à dire vrai, malgré les témoignages notables qu'elle a obtenus (voir ci-après le Rapport à la Société Philomathique) n'offrait pas la simplicité et l'évidence de celle que nous présentons aujourd'hui.

Cette Traduction se case dans des colonnes verticales, dont la première contient le texte (analysé ou non pasigraphiquement) et les suivantes la version, en bon style, mais plaçant néanmoins les mots vis-à-vis des mots, de manière à suivre la *construction* de l'auteur sans violer celle de la langue qu'on lui prête. Cette combinaison a les avantages de la version interlinéaire, ou juxtalinéaire, sans en avoir les inconvénients. Si on lit horizontalement, ligne par ligne, on a la construction de l'auteur traduit; si on lit verticalement, colonne par colonne, ce qui sera la lecture habituelle, on a les idées dans la nouvelle langue. En outre, une telle forme de version habitue à observer, comme malgré soi, le premier principe de toute bonne traduction, qui est de renverser le moins possible l'ordre des idées de l'original.

Une longue expérience nous autorise à recommander vivement ce procédé.

La colonne d'observations est surtout destinée à indiquer les ressemblances entre les radicaux des deux langues, et des autres idiomes que peut connaître le traducteur. Cette comparaison, intéressante, et moins confuse que l'on ne pourrait penser, est la base de toute la philologie.

Inutile de faire remarquer en outre que, grâce à la concordance des colonnes, une personne ignorant la langue traduite, une mère, par exemple, peut très-bien interroger l'élève et vérifier l'exactitude des réponses.

BREFS EXEMPLES.

LATIN (Virgile) :

					RAPPROCHEM^ts
Tityre,	(ô) Tityre,				(siffleur).
tu					
patulæ		(d'un) large			*patent*.
recubans	mollement couché				*accoudé*.
sub	sous				
tegmine	(l') abri				*tégument*.
fagi,		hêtre,			*faîne*.
silvestrem				champêtre	*silvestre*.
tenui				(sur ton) simple	*ténu*.
musam			(un) air		*muse*.
meditaris		tu essaies			*méditer*.
avenâ.				chalumeau.	tube *d'avoine*

ALLEMAND (Schiller) :

Das	La						
Leben	vie						*life* (anglais).
ist		est (pas)					
der			des				
Gutter			biens ;				*good* (anglais).
hochtest		le plus élevé					*high* (anglais).
nicht ;	n'						
der						des	
Üebel						maux.	*evil* (A.)
grosstest					le plus grand		*gros* (F.); *great* (A.)
aber			mais				*verò* (latin).
ist				est			
die			le				
Schuld.			crime				*schola*, école, faute.

C'est pour ces langues très-synthétiques que notre *traduction en colonnes* est efficace. Voyez, horizontalement, quelles inversions : « La vie est des biens le plus élevé non ; des maux le plus grand mais est le crime. »

Nous donnerons des exemples nombreux et étendus de ce mécanisme, après avoir exposé notre cadre, également simple et usuel, d'analyse logique.

ANALYSE LOGIQUE.

Nous avons dit quelques mots de l'analyse logique des propositions, quand cela s'est trouvé nécessaire pour l'analyse grammaticale ; complétons ici ce chapitre, et donnons un cadre pour en rendre graphique l'intelligence et l'application.

Il y a trois sortes de propositions ou d'expressions du jugement : des *Principales*, des *Incidentes*, des *Subordonnées* :

1° La Proposition principale est celle qui, indépendamment de toute autre, forme un sens, non pas toujours complet, mais distinct : *j'aperçus sur un fraisier de petites mouches.*

2° La Proposition incidente est celle qui, au moyen de *qui*, de *que* (pouvant se changer en *lequel, laquelle*), de *dont* ou de toute autre forme de l'adjectif-conjonctif, se rattache à UN SEUL mot d'une autre proposition, au milieu de laquelle elle tombe (comme un incident) pour expliquer ou pour déterminer ce mot. Exemple : *qui était venu par hasard sur ma fenêtre* (un fraisier qui, etc.); voilà ce fraisier déterminé.

Il y a donc deux sortes d'Incidentes : l'incidente *déterminative* et l'incidente *explicative.*

L'Incidente déterminative s'applique à un mot d'un sens général, pour restreindre, limiter, borner, déterminer enfin ce sens (*terminus,* borne, limite) : *j'aperçus sur un fraisier;* quel fraisier ? *qui était venu sur ma fenêtre.* — *Donnez-moi le livre que je vous ai demandé.* — *Voici la personne dont nous parlions.*

Si vous retranchez l'Incidente déterminative, le sens est vague ou différent ; aussi, ne met-on point de virgule entre le mot déterminé et son incidente.

L'Incidente explicative, au contraire, est séparée par une virgule du mot à sens spécial et déjà déterminé qu'elle ne fait que répéter sous une autre forme ou qu'éclaircir dans quelque rapport, sans en modifier le sens; tellement qu'on peut supprimer l'Incidente explicative et le sens du mot reste le même : *J'y en vis d'une autre sorte, que je décrivis encore.* Cette description ne change point la sorte de mouches. *Veuillez me donner mon crayon, qui est tombé. Parlez à mon père, que vous trouverez dans le jardin.* Le sens, non pas de la phrase entière, mais des mots *sorte, crayon, père,* resterait le même, quoique les Incidentes explicatives fussent supprimées.

La distinction entre les deux sortes d'Incidentes est la plus grande difficulté de l'analyse logique, et pourtant cette distinction est nécessaire, ne fût-ce que pour la ponctuation.

3° La Proposition subordonnée en suppose une autre quelconque, qu'elle modifie tout entière, en s'y rattachant par une conjonction : *si jolies, que l'envie me prit de les décrire.* — *Pendant que je travaillais*, etc. Ces *que*, CONJONCTIONS, ne peuvent point se changer en *lequel, laquelle,* et amènent, non des incidentes, mais des subordonnées.

A présent, vous savez, depuis longtemps, que toute proposition est constituée par un *sujet,* un *verbe* et un *attribut.*

Le verbe est unique : *être, je suis,* etc., dans toutes ses formes; il faut toujours le développer des verbes-adjectifs qui le renferment.

Le sujet ou l'attribut, souvent l'un et l'autre, peuvent être :

Simples, exprimés par un seul mot, soit singulier, soit pluriel : *je travaillais;*

Composés, exprimés par plusieurs mots qui s'accordent ensemble : *des mouches si jolies;*

Complexes, exprimés par plusieurs mots qui se régissent, qui ont action les uns sur les autres, soit immédiatement, ce qui amène un *objet*, soit médiatement, ce qui amène un *terme* : *l'envie me prit de les décrire* (objet); « *mais je renonçai à cette étude* » (terme).

Enfin, *Multiples*, exprimés par plusieurs noms réunis au moyen de *et* ou distingués au moyen de *ou*, CONJONCTIONS, qui supposent autant de verbes sous-entendus, autant de vraies *Propositions* qu'elles sont de fois elles-mêmes exprimées ou sous-entendues : *il en vint à la fin un si grand nombre et* (il en vint) *d'une si grande variété.* — *Je manquais de loisir, ou, pour dire la vérité* (je manquais), *d'expression.*

A des yeux attentifs, notre analyse grammaticale, par l'hémi-pasigraphie, est en même temps une analyse logique, puisqu'elle indique, au moyen du conjonctif, précédé ou non d'une virgule, les Incidentes, et, au moyen des conjonctions, les Subordonnées; puis, dans chaque sujet ou attribut, l'objet, précédé d'un petit rond, et le terme, accompagné d'un autre signe.

Mais, pour les enfants, voici de quoi rendre l'analyse logique aussi matériellement sensible que notre analyse grammaticale elle-même :

Trois colonnes, une pour chaque espèce de Proposition, subdivisées chacune en trois colonnettes, pour le sujet, le verbe et l'attribut; y souligner doublement les objets, simplement les termes.

Une colonne de marge pour indiquer, vis-à-vis de chaque sujet ou attribut, s'il est simple, composé, complexe ou multiple; si l'Incidente est déterminative ou explicative.

Enfin, au bas de la marge, dire si la phrase entière (ce qui va d'un point à un autre) est une *période*, un composé de propositions symétriques entre elles; ces propositions s'appellent alors des *membres* de la période, quand elles sont un peu longues ; des *incises*, quand elles sont très-courtes.

Le tout sera complet, si l'on y ajoute l'indication des figures de grammaire : *ellipse*, *pléonasme* ou *syllepse*. — Exemples, pages 54, 55, 56 et 57.

PROPOSITIONS					
PRINCIPALES.			INCIDENTES.		
SUJET.	VERBE.	ATTRIBUT.	SUJET.	VERBE.	ATTRIBU[illegible]
Un jour d'été, je	fus	apercevant *sur un fraisier* DE PETITES MOUCHES SI JOLIES,	qui	était	venu[illegible] par has[illegible] sur m[illegible] fenêtr[illegible]
Le lendemain, je	fus	EN voyant *d'une autre sorte,*	je	fus	QUE [illegible] décriva[illegible] encor[illegible]

SUBORDONNÉES.			OBSERVATIONS.
SUJET.	VERBE.	ATTRIBUT.	
ndant que			Locution adverbiale.
je	étais	travaillant à *mettre en ordre* QUELQUES OBSERVATons SUR LES HARMONIES DE CE GLOBE,	Sujet simple. Attribut complexe.
			Sujet simple.
			Sujet simple d'une incidente déterminative.
			Attribut composé.
			Attribut complexe.
ue l'envie de LES décrire	fut	ME prenant.	Sujet complexe. Attribut complexe.
			Locution adverbiale.
			Sujet simple.
			Attribut complexe.
			Sujet simple, d'une incidte explic.
			Attribut complexe comprenant *que*.
			Que conjonctif est toujours objet, et *qui* toujours sujet.

PROPOSITIONS					
PRINCIPALES.			INCIDENTES.		
SUJET.	VERBE.	ATTRIBUT.	SUJET.	VERBE.	ATTRIBUT.
Je	fus	en observant pendant trois semaines 37 ESPÈCES TOUTES DIF-FÉRENTES;			

SUBORDONNÉES.			OBSERVATIONS.
UJET.	VERBE.	ATTRIBUT.	
			Sujet simple.
			Attribut complexe.
is (il) en si grand ombre t d'une grande ariété,	fut	venant à la fin	Pléonasme dans le sujet, qui est multiple et par conséquent elliptique : *et* (il en vint) *d'une si grande variété*. Il y a même syllepse: *un si grand nombre* indique un pluriel et le verbe est au singulier.
que je quoique	fus	laissant là CETTE ÉTUDE, TRÈS-AMUSANTE,	On pourrait trouver là une ellipse du sujet et du verbe : quoique (*elle fût*); alors *très-amusante* serait attribut simple.
ce que je	étais	manquant *de loisir*, ou, pour dire la vérité, *d'expression*.	Attribut multiple et elliptique : *je manquais de loisir ou* (je manquais) *d'expression*. — *Pour dire la vérité* pourrait aussi former une proposition : *afin que je dise la vérité*.

s quatre subordonnées le sont, gra-
lement, les unes aux autres.

NOMBREUX EXEMPLES

DE TRADUCTION PAR COLONNES.

Le trait horizontal prolongé sous la traduction sépare les phrases et permet de recommencer dans la première colonne à gauche.

Les parenthèses ou demi-parenthèses indiquent les mots ajoutés.

Si le texte est en vers, des traits entre deux peuvent couper la colonne de texte sans se prolonger dans les autres.

SANS ANALYSE.

FRAGMENT DE SHAKESPEARE.

Blow,	souffle,	
blow,	souffle,	
thou		
winter's		d'hiver,
wind,	vent	
thou	tu	
art	n'es	
no	point	
so	aussi	
unkind (1)	*poignant*	
as	que	
man's		de (l') homme;
ingratitude (2) (3);	(l') ingratitude	

(1) Composé de *un* negatif (*in*, négation latine, et non pas la préposition *in*) et de *kind*, *doux*, *bon*. (2) *In*, pur latin, négatif. (3) La terminaison *ude*, latin *udo*, marque *habitude* ou au moins *quelque durée*.

thy tooth (4) is not so keen (5),	ton *atteinte* n'est point si (6) âpre,	
because thou art not (7) seen,	 (on) ne te voit pas,	
altho' thy breath be rude.	quoique ton haleine soit rude.	

Freeze, freeze, thou bitter (8) sky	Gèle, gèle, ciel	 rigoureux;
thou dost (9) no bite so nigh (10)	tu ne *pénètres* point aussi (au) vif	
as benefits forgot (11);	que (l') oubli	 (des) bienfaits;

(4) *Dent.* Le français, bien plus que l'anglais, craint d'attaquer l'image positive, matérielle; il s'élève, en s'affaiblissant, dans le vague, dans l'idéal. *Atteinte* au lieu de *dent; l'abstrait* pour le *concret,* dit l'école. On ne peut guère polir qu'en ôtant de la force; c'est Phèdre au lieu d'Esope, Delille au lieu d'Homère, Ducis au lieu de Shakespeare. (5) *Aiguë,* métaphore suivie. (6) *Si,* abrégé d'*aussi,* s'emploie mieux, en comparaison, seul que suivi d'un *que,* parce que dans cette locution *si âpre que...,* il semblerait signifier *tellement.* (7) Mot à mot : *tu n'es pas vu*, voix passive. (8) *Amer.* (9) *Tu ne mords pas.* (10) *Si près, si serré.* (11) *Bienfaits oubliés.* Notez l'adjectif

tho' thou the waters warp,	quoique tu saisisses	les eaux,
thy sting (12) is not so sharp (13)	ton *étreinte* n'est point aussi *dure*	
as friends (14) remember'd not (15).	que (l') indifférence	(d'un) ami.

Le recueil d'où nous avons tiré ces vers les attribue à Shakespeare; nous ne savons de quel ouvrage ils peuvent être pris. Nous ne voyons qui les rappelle que ce passage du *King Lear*, où l'on reconnaît bien autrement la poésie anglaise, cette autre langue d'un même peuple, et Shakespeare, son titanique interprète :

LEAR.

« Blow, wind, and crack your cheeks! rage! blow!
» You cataracts, and hurricanoes, spout,
» Till you have drench'd our steeples, drown'd the cocks!
» You sulphurous and thought-executing fires,
» Vaunt couriers to oak-cleaving thunder-bolts,

---

après le nom, exception dans la langue anglaise, qui le veut toujours avant. Mais c'est une règle malheureuse, enlevant le bénéfice d'une grande loi de grammaire générale qui veut que l'on place *avant* le substantif l'adjectif d'ornement, l'*épithète*, et après le substantif l'adjectif nécessaire au sens, le *qualificatif : une blanche main* est de la poésie, *une main blanche* est de la philosophie ou de la conversation. (12) *Piqûre,* la métaphore semble mieux suivie en français, et cette exactitude, que des écrivains modernes négligent ou détruisent, est une des qualités précieuses de la langue française. (13) *Acérée.* (14) *Amis non rappelés.* Encore l'adjectif après le nom, plus conformément au bon goût qu'au génie de la langue. (15) *Remembered. Re* placé devant les mots indique *mouvement en arrière, répétition.*

» Singe my white head! and, thou, all-shaking thunder,
» Strike flat the thick rotundity o' the world!
» Crack nature's moulds, all germens spill at once,
» That make ingrateful man! »

« Souffle, vent, crève-toi les joues! souffle avec rage! Cataractes, ouragans, versez le déluge sur nos clochers, noyez-les jusqu'aux girouettes! Traits de soufre et de feu, rapides comme la pensée, avant-coureurs de la foudre qui fend les chênes, dévorez mes cheveux blancs! Tonnerre, qui ébranles le monde, aplatis en la rondeur épaisse, brise à la fois tous les moules de la nature, disperse les germes de vie qui produisent l'ingrat genre humain! »

AVEC ANALYSE HÉMI-PASIGRAPHIQUE.

ANGLAIS. = Rasselas, PAR SAM. JOHNSON (CHAP. XXVII).

TEXTE.	Analyse.	TRADUCTION.				Observations.
The highest	= high ×	Les plus hautes				
stations	** Stat	positions				État, station.
cannot	55|>|)(	ne peuvent (point)				
hope	∘|hope[	espérer				
to be	∘|–|	être				
the abodes	= abode	les asiles				Habitation.
of happiness,	‘happi	du bonheur.				
which	|					
I would	1	Je				
willingly	will ʕ		volontiers			
believe	|believe|¿	croirais				
to have fled	∘||fled|		(qu'il) a fui			
from thrones	⌒→ ∧∧Thron		(loin) des trônes			
and	†		et			
palaces	∧∆Palace		(des) palais			
to seats	→ ∆∆seat		vers			
of humble	humbl					Site.

and				paisibles		
placid	placid ‹					
obscurity.	‹ obscur		l'obscurité			
For	⸝/\					
what	x ¿	Qui				
can	3|>|	peut				
hinder	∘|hinder[	troubler				Retenir (de *hand*, main).
the satisfaction	— ∘ satisfact	la satisfaction				
or intercept	Y ∘ |∸▹ cept [	ou tromper				Intercepter.
the expectations	= ∘∘)—▹pectat	les vœux				Expectative.
of him	‹ —	de celui				
whose	| ‹	dont				
abilities	⁎⁎ abilit	(les) facultés				Habileté.
are	33|—|	égalent				
adequate	—▹ equat⁎⁎					Adéquate.
to his	—▹ 3 ··					
employments,	∆∆ + ploy,	(les) fonctions,				Emploi.
who sees	| 3|see[	qui voit				
with	+	sous				
his own	3.. own ∆∆	ses				

ANGLAIS. = Rasselas, par Sam. Johnson. *(Suite.)*

TEXTE.	Analyse.	TRADUCTION.			Observations.
eyes	ᐃ ᐃEye	yeux			
the whole	— whole ∘	toute			
circuit	∘ circuit	(la) sphère			Circuit.
of his	‘3 ·	de son			
influence,	‘ + fluence,	influence,			
who	|	qui			
chooses	3|choose[	fait			Choisit.
by	↓	d'après			
his own	3 · own ᐃ	sa propre			
knowledge	ᐃ knowledge	intelligence			Connaissance.
all	∘ z	(le choix de) toutes			
whom	| ∘				
he		ses			
trusts,	3|trust|	opinions			
and	+	et			
whom	| ∘	que			
none	) *xx*	personne			

by hope or fear?	v ∧hope Y ∧fear?	espoir ou (de) crainte?			Effroi, frayeur.
surely he has nothing to do but to love and to be loved, to be virtuous and to be happy.	sure : 3|=[ )0 ∘|[| | ∘[love| + ∘]love|, ∘|–| virtu * + ∘|–| happy *.	sûrement il (ne) *peut* qu' aimer et être aimé, être bon et être heureux.			(N'a nulle chose à faire) Vertueux.

ITALIEN. = Stance de Pétrarque sur la mort de Laure.

TEXTE.	Analyse.	TRADUCTION.			Observations.
In	†	Dans			
un boschetto	x ^Bosc ♭	un bocage			
nuovo	nuov^	frais			
i rami	// Ram		les rameaux		
santi	sant **		sacrés		
fiorian	^{33}‖fior|	verdissaient			
d'un lauro	‘ x Laur		d'un laurier		
giovinetto	giovin ♭		jeune		
e schietto, •	† schiett ‘,		et gracieux;		
ch'	|				
un degli	x ‘ //		un des		
arbor	‘‘ Arbor				
parea	^{3}‖pare|		arbres		Paraissait.
di paradiso :	‘ Paradis :	il semblait	du paradis :		
e di sua	† ‘ ^{3}	de son			
ombra	^Ombr	ombre			
uscian	^{33}‖usci‖	s'échappaient			Huis, issue.

uccelli,	" Uccell	d'oiseaux			Pour *avicelli*.
e	†	et			
tanto	×ɪ *	tant			
altro	*y*	d'autres			
diletto,	* dilett	délices,			
che	ǀ	que (pour lui)			
d'al	⌒→▷ /	(j'oubliais)			
mondo	ˆ Mond	le monde.			
m'	°1				
havean	33‖=[				
tutto	°z				
diviso.	]divis|°				Divisé, séparé du monde.
E mirandol	† |mira| * 1	(Comme)	l'admirais,		
io fisso,	fiss *	je			
cangiossi	3]cangi]		changea,		
'l ciel	/ * Ciel	le ciel			
intorno	○				
e tinto	† tint*		s'obscurcit		Teint.
in vista	(+) ˆ vist,		à (ma) vue,		

ITALIEN. = Stance de Pétrarque sur la mort de Laure. *(Suite.)*

TEXTE.	Analyse.	TRADUCTION.			Observations.
folgorando	|folgor|*	lança la foudre			
'l percosse,	°3 3|·|—▷⁀cos[				
e dà radice	+)—▷ ^Radic	et déracina			
quella	–·– °	le			
pianta	°Piant		arbrisseau :		Plante.
felice	felic°	bel			Félicité.
subito	subit ⸮				
svelse :	3|·|svel[:				S séparatif et *vellere*.
onde	‘ ⁀·	voilà pourquoi			
mia vita	! *vit	ma vie			
è trista :	3|–| trist* :	est triste :			
che simil	| 'simil*		(un) tel		Semblable.
ombra	*Ombr		abri.		Ombre.
mai	0				Ja–mais.
non	)(	(on) ne			
si racquista (1).	3]racquist|.	retrouve pas			Acquêt, réacquérir.

(1) Voilà une voix réfléchie indirecte dont [illegible]

TEXTE.	Analyse.	TRADUCTION.			Observations.
El Papagayo,	⁄ Papagay,	Le Perroquet,			Papegai.
el Tordo	⁄ Tord	la Grive			Tourd.
y la Marica.	† \ Maric.	et la Pie.			Margot.
Oyendo	|oy| *		entendant		Ouïr, oyez.
un tordo	x *Tord	Une grive			
hablar a	∘|habla| —▷		parler		Fable, hâbleur.
un papagayo,	x °Papagay,		un perroquet,		
quisó	3|·[quis|	voulut			Quérir.
que	|				
el,	*3	le			
y no	†)(				
el hombre,	⁄ *Hombr		au lieu de		
le	∆3		l'homme;		
enseñara;	3|[+ seña|¡	prendre pour maître			Enseigner.
y con	† +	et dès (le)			
solo	(1)	premier			Seul.
un ensayo,	x ∧ + say,	essai,			

ESPAGNOL. — YRIARTE, FABLE XXIV. (*Suite.*)

TEXTE.	Analyse.	TRADUCTION.			Observations.
creyó	3|·[crey|	(elle) crut			
tener	∘|ten[	avoir			Tenir.
pronunciacion	∘pronunciac	(une) prononciation			
tan clara,	× ¡ clar∘	si nette,			Claire.
que	|	qu'à			
en ciertas	+ ◡ xx				Certaines.
occasiones	ʌ ʌ occasion	l'occasion			
a una	—▷ x		à une		
marica	ʌ Maric		pie,		
daba	5||da[	(elle) donnait			
ya	11	déjà			
lecciones.	∘∘leccion	leçon.			
Asi	||:	(Et) certes			Aussi.
salió	3|·|sali|		devint		Saillir, résulter.
tan diestra	× ¡ diestr *		aussi habile		Adextre, adroit.
la marica	⟍ *Maric	la pie			
como	||	que			Comme.

al estudio	estud				
se dedica	[5]] dedic]	se met à étudier			
por	—▷⊂⊃	sur			Par, pour.
copias	∧ ∧ copi	(des) copies			
y	†	et (de)			
por	—▷⊂⊃				
malas	mal ∧ ∧	mauvaises			
traducciones.	∧ ∧ traduccion.	traductions.			

LATIN. = TACITE, Germanie, CHAP. XI.

TEXTE.	Analyse.	TRADUCTION.			Observations.
De	↓				De.
minoribus	< ∧ ∧	(Les) petites			Moindres.
rebus	∧ ∧ Re	affaires			Ré-alités, riens.
principes	**Princip		(par) (les) chefs,		Princes.
consultant,	33[+sulta|,	sont discutées			Consultent.
de	↓				
majoribus	> ∧ ∧		les grandes		Majeures.
omnes :	** *az* :		(par) toute (la nation) :		
ità tamen	‖ ⅂L	de manière pourtant			
ut	Yi	que			
ea quoque	÷ :|:	celles-là mêmes			
quorum	‖ʻ	dont			
penès	∧		au		
plebem	°Pleb		peuple		Plèbe, plébéien.
arbitrium	⋅ arbitr	la décision			Arbitre.
est,	3|–|	appartient			
apud	∧				Moins fort que *penès*.

Coeunt,	|+1|,		ils s'assemblent		
nisi	⊏⊐	A moins			
quid	*x*	d'événement			
fortuitum	fortuit *	fortuit			
et subitum	✝ subit *	et imprévu,			Subit.
inciderit,	3|||—>) cide| ¡				Incident.
certis	cert∧∧			fixes,	Certain.
diebus,	∧∧Die		à jours		Diurne.
cùm	⊔	lors			
aut inchoatur	Y 3] ⊕ choa]	de la nouvelle			
luna	*Lun		lune,		
aut impletur;	Y 3] ⊕ ple |;	ou de la pleine			
nam agendis	⌐/\ ]age||∆∆				Agenda.
				(pour leurs)	
rebus	∆∆Re			entreprises.	
hoc	÷ ∘	époque qu'			
			(comme)		
auspicatissimum	auspic × ∘		du meilleur augure		Auspices.
initium	∘ init	ils regardent			Initiative.
credunt.	33|crede[.				Crédit, croire.

LATIN. = Tacite, Germanie, chap. xi. (*Suite.*)

TEXTE.	Analyse.	TRADUCTION.		Observations.
Nec	)	ils ne		
dierum	‚‚Die		(par) jours,	
numerum,	°numer			Nombre, numéral.
ut	‖		comme	
nos,	11,		nous,	
sed	X		mais (par)	
noctium	‚‚Noct		nuits. (1)	
computant.	33|+ puta[.	comptent pas		
Sic	‖:	Tels (sont les termes de leurs)		
constituunt,	33[+ stitue|	délais		Constituer.
sic	‖:	(et de leurs)		
condicunt :	33[+ dice| :	engagements :		Condition.
nox	*Noc	la nuit		
ducere	Δ|duce[		être avant	Duire, conduire.
diem	∘Die		le jour.	
videtur.	3]vide|.	(leur) semble		Vision, voir.

TEXTE.	Analyse.	TRADUCTION.			Observations.
Mêtè	)	Ne point			
dólous	°°dól		(son esprit) de ruses		Dol.
ráptein,	*|rápt[				Rapsodie.
mêth'	)		ni		
aîmati	^Aîmat			de sang.	Hématose.
keìra	°Keìr		sa main		Chirurgien.
miaínein.	*|miaín[.	souiller			Miasme.
Mê plouteîn	)(*|plout|	Ne point s'enrichir			Ploutocratie.
adíkôs	)dík :	injustement,			Digne, syn-dic.
all'	X	mais			
ex ósiôn	)→ ósi"		de moyens légitimes.		Hostie.
bioteúein.	*|bioteú|.	vivre			Vie.
Arkeîsthai	*]arkeì]	Se contenter			
pareoûsi,	⌒ ⌒ ^^	de ce qu'on a			
kaì allótriôn	† ⌒y "		de ce qui est aux autres.		Autrui.
apekestai,	*]⌒—▷eke].	et s'abstenir			

GREC. = SENTENCES DE PHOCYLIDES. (*Suite.*)

TEXTE.	**Analyse.**	TRADUCTION.			**Observations.**
Psêudea	°°Psêud	Ne point proférer			Pseudonyme.
mê bázein;	)(*|báz[		de mensonges;		Bavarder.
tàd'etêtuma	= ˥ etêtu °°			la vérité.	Étymologie.
panta	*az*		toujours		Panthéisme.
agoreúein.	*|agoreú[.	dire			Pan-égyrique.
Prôta	*a*ʻ	D'abord			Prote.
Theòn	°The		Dieu,		Théologie.
timâ,	2|timâ|↓	honore			Estimer.
metepeíta de	┌─┐	ensuite			
seîo	ʻ2	tes			
gonêas.	°°Gonê	parents.			Génération.
Misthòn	°Misth			son salaire.	
mokthêsanti	|·|mokthê|Δ		au travailleur		
dídou.	2|dído[↓.	Donne			
Mê thlíbe	)(2|thlíbe[↓	Ne foule pas			
Pénêta.	°Pénêt.	(le) pauvre.			Pénurie.
Keira	°Keir			à celui qui est	

Sôson d'	⁊|·|so⌊↓⌋	Protège			Sauver.
aperístaton	)perí × °		qu'on abandonne.		
andra.	°Andr.	celui			André, monandrie.
Tò xíphos	— ∘Xíph		le glaive,		
amphibaloû	²|·|○ bal[↓	Ceins			Balle.
mè pròs	)(—▹		non pour		
phónon,	°phóno		l'attaque,		
all' es	× —▹)		mais pour		
ámunan.	∘ámun.		la défense. (1)		Munir.
Zêlos	*Zêl	L'envie (est)			Zèle.
tôn agathôn	// agath''		des bons		Agathe.
esthlos,	esthl*	l'horreur			
phâûlôn d'	phâûl'' ⌉			des méchants	Vil.
upoergos.	* ‿ erg.		et le recours		Organe.
Métrô mèn	^métr ⌊	(Il faut) de la tempérance			Mètre, mesure.
phágeein,	*[pháge],	dans le manger,			Icthyo-phage.
pínein,	*[pín]	le boire			Pinte.
kaì	†	et le			
muthologeúein.	*[mutholog].	parler.			Mythe, mythologie

(1) « Il n'y a pas de patrie qui attaque. » (Jacotot.)

GREC. — SENTENCES DE PHOCYLIDES. *(Suite.)*

TEXTE.	Analyse.	TRADUCTION.			Observations.
Mê pisteúe	)(²[pisteú|↓	Ne crois pas			
tákista,	×	trop vite,			Tachygraphie.
prin	⌐—▷	avant (d'avoir)			
atrekéôs	)trek !	sagement			
péras	∘ péra		les conséquences.		
opseî.	²|opse [.	examiné			Optique.
Ploûton	°ploût		de ton bien.		
mè pheídou.	)(²]pheíd]↓.	Ne sois pas avare			
Mémnês'	²| · |mémnê|↓	Souviens-toi			Mnémosyne.
óti	|	que			
thnêtós	thnêt*		mortel		
upárkeis.	²|‿ árke|.	tu es			Archi-diacre.
Pántes	αω	Tous			
'isoi	'is**	égaux (sont)			Iso-scèle.
nékues,	**Néku,	les morts;			Nécrose.
psukônde	,,Psuk ⅂	mais (leurs) âmes			Psychologie.
Theòs	*Theò		de Dieu.		

athanatos kaì agêrôs zê dià pántos (krónou).	)thanat +)gêr : 3 | za | → az ‘	ni mort ni vieillesse, (et) vit dans l’éternelle (durée).			Athanase. Géronte. Zoologie, Zoé.

Le latin offre un moyen précieux de traduire le grec mot à mot (sauf l'article) et dans le même ordre. Ce moyen, il ne faut jamais le négliger; il faut profiter de l'exemple utile qu'a donné l'illustre Clarke en traduisant ainsi l'Iliade d'Homère. Voici le latin des quatorze vers précédents :

Neque dolos suere, neque sanguine manum polluere.
Non ditari injustè, sed è justis victum quærere.
Satis habere quæ adsunt et alienis abstinere.
Mendacia haud effutire, vera autem omnia dicere.
Primùm Deum honora, deinde tuos parentes.
Mercedem operario tribue; ne opprime pauperem.
Manum lapso præbe, salva destitutum virum.
Gladium accinge non ad cædem, sed ad tutelam.
Invidia bonis inimica, malis autem adjutrix.
Moderatè edendum, bibendum et fabulandum.
Ne crede properrimè, antequàm inturbidè finem videris.
Divitiis ne parce; memineris quòd mortalis es.
Omnes æquales mortui; animarum autem Deus rex est.
Animà enim immortalis et senii-expers, vivit per omne (tempus).

ESSAI DE TRADUCTION EN VERS FRANÇAIS.

Ton cœur soit pur de fraude et ton bras pur de sang.
Ton gain soit légitime et ton art innocent.
Vis content de tes biens; à ceux d'autrui ne touche.
Ne ments pas; que le vrai soit toujours dans ta bouche.
Honore Dieu d'abord; tes parents après lui.
Satisfais l'ouvrier, du pauvre sois l'appui.
Soutiens le faible, accours à celui qu'on délaisse.
Sois armé seulement lorsqu'à tort on te blesse.
L'Envie, horreur du bon, est l'arme du méchant.
En mets, vins et discours, crains d'être intempérant.
Éprouve avant de croire : attends la conséquence.
Donne : il te faut si peu pour ta courte existence!
Tous les morts sont égaux, et Dieu, dans son palais,
Reçoit l'âme immortelle et jeune à tout jamais.

TEXTE.	Analyse.	TRADUCTION.			Observations.
AB *i* NU (NOU)	²AB ʻ11	Notre Père,			Abbé.
ʃ (CH) (1)	|	qui (es) (êtes)			
B ʃMIM :	ʌ ʌ ʃM	aux cieux,			
i QDʃ	³]QDʃ | ¡		soit sanctifié,		
ʃM C :	* ʃM²ʻ	ton nom			
θ BUA	₃|BUA| ¡		vienne,		
MLCUT C :	⁎MLCUT²ʻ	ton règne			
IEI	₃|—| ¡		soit (faite)		
RT*z*UN C	⁎RT*z*UN²ʻ	ta volonté			
C AʃR	||			comme	
B ʃMIM	ʌ ʌ ʃM			aux cieux,	
U CN	† :|:				
B ART*z* :	ʌ ART*z*		sur terre		Aire.
LHM NU	° LHM ʻ11		notre pain		
DBR	⌒ —▷		de		
IUM	IUM		jour		
B IUM	ʌ IUM		en jour.		

(1) Ajoutez *a*, pour la prononciation, aux consonnes qui manquent de voyelles : *cha ba chamim*, etc.

HÉBREU. = L'Oraison Dominicale. *(Suite.)*

TEXTE.	Analyse.	TRADUCTION.			Observations.
*n*TN	²|TN [↓	Donne–			Donne.
L NU	∆ ∆ 11	nous			
E IUM :	—·— IUM	ce jour, aujourd'hui			
U	†	et			
SLH	²|SLH [↓	remets–			
L NU	∆ ∆ 11	nous			
AT	—▷	(*à* espagnol)			
HUBUTI NU	∘∘ HBT ‘ 11	nos dettes,			
CA!R	‖	comme			
SLH NU	|SLH [11	nous remettons			
L B OLI	—▷	à			
HUBUTI	∆ ∆ HBT		débiteurs,		
NU :	‘ 11	nos			
U AL	†)(	et ne			
*t*BUA (1)	² [BUA [↓		induis pas		
NU	°11	nous			
L NSHN	—▷) NSI		en tentation		

AM		plutôt			
E TSIL	2 | TSL [↓	délivre–			
NU	°11	nous			
M RO :	⌒→ ∧RO	du mal.			Ronger, rogner.
CI	_∧	Car			
L C	∧2	à toi (appartiennent)			
E MLCUT	/ MLC	le règne			
U	†	et			
GBURE	GBR	(la) puissance			Les dieux Cabyres
U	†	et			(en Samothrace.)
CBUD	CBD	(la) gloire			
L	→	au			
OULM	·OULM	siècle			
OULMIM :	‘‘OULM	(des) siècles :			
AMN.	AMN.	Amen.			

(1) Double active : *faire venir*.

On voit qu'il est passé en français bien peu de radicaux hébraïques ; mais si l'on coalisait les langues latine, grecque, anglaise, et au besoin celtique ou bretonne, on pourrait traduire presque tous les mots hébreux par des mots similaires, qui auraient subi sans doute un changement de signification plus ou moins grand, mais jamais total. — Exemple :

Abbas noster, qui es in Σημασι (1).... Σημα *tuum;* Βη.... *tuum :* Ειη *ratio? tua sicut quœ in* Σημασι, *ita et in areâ (ou aridâ); laganum? nostrum de die in diem dona nobis hodie; et solve? nos habitis? nostris, ut qui solvimus habentes à nobis : et hilum? Ba nos in nixum? quia av..... nos à rodente. Quia tibi............................ in olim olim. Amen.* (2)

Nous le répétons, il nous semble que quelques pages d'un auteur ainsi analysées par colonnes permettraient d'en donner ensuite tout le texte hémi-pasigraphié en lignes courantes, et qu'à l'aide d'un dictionnaire de radicaux, le livre se trouverait, par cette simple transcription, traduit *universellement.*

Il nous reste à donner un dernier exemple de l'Hémi-Pasigraphie, appliquée à l'étude exclusive de la langue maternelle, à la simple école primaire. Comme l'analyse grammaticale se fait, par nos signes, pleine et entière, dans la colonne même du texte, le reste de la page, au lieu

(1) Et mieux encore l'anglais *heaven,* de l'allemand *himmel.*

(2) Il serait curieux de traduire ainsi quelques parties des livres hébreux; ce ne serait peut-être pas un mauvais moyen d'en pénétrer tout à fait le sens.

d'être griffonné de détails grammaticaux offusquants pour l'œil et l'esprit, et qui ne se diront plus que de vive voix, sera occupé par des définitions instructives de mots et d'idées, et par des rapprochements philologiques, d'après la portée de chaque élève. — Exemple :

TEXTE DICTÉ.	DÉFINITIONS ET OBSERVATIONS.
╲	
*Cigale	Insecte hémiptère, ou demi-ailé. Son nom, tiré du bruit qu'il fait, est une *onomatopée*, meilleure en hébreu : QITz? et surtout en grec : *tettix*.
|||chant|*	Conduire sa voix selon les intonations musicales. Ici, par *catachrèse*, c'est jouer d'une sorte de cymbale que la cigale mâle a sur le dos.
az ^	
^ Été,	Saison la plus chaude de l'année. Adjectif : *Estival*. Substantif dérivé : *Étiage*.
3]||trouv]	Autrefois *treuver*, de l'anglais *trew*, vrai.
×	
+ ⁀ + vu	*Voir*, — *pourvoir*, c'est-à-dire voir pour l'avenir, faire des *provisions*. *Dé-pourvu*, celui dont les provisions sont *dé*truites.
╲	
*Bise	Vent de nord, sifflant *bs, bs*, d'où lui vient son nom.
3|||ven|.	*Venir*, s'approcher. Se compose avec un grand nombre de prépositions, en mots qui n'ont plus rien d'obscur pour qui possède un peu notre théorie : *avenir*, *devenir*, *convenir*, *souvenir*, *survenir*, *parvenir*, *provenir*, *contrevenir*, *intervenir*.

Nous n'ajoutons rien. Que l'on veuille bien comparer des analyses faites sur ces données avec les analyses vulgaires.

Il y a dans ce petit ouvrage quatre innovations :

I. Signes simples et *universels* d'analyse grammaticale et d'une demi-*Pasigraphie*.

II. Cadre démonstratif de l'*Analyse logique*.

III. Traduction par colonnes, conservant à chaque langue sa *construction*, et comparant sous le regard le moins attentif ces *constructions* différentes.

IV. Recherche des radicaux similaires.

J'appelle particulièrement sur la première et sur la troisième une sérieuse et bienveillante attention. Ces idées mieux développées, bien appliquées, peuvent faire faire des pas immenses et faciles à l'étude des langues et aux communications de plus en plus intimes des peuples.

III. SYNTHÈSE D'UNE MÉTHODE LITTÉRAIRE.

Image, idée, harmonie,
Corps, Esprit, Ame, voilà
Ce que nature et génie
Veulent unir : tout est là.

TOUT EST

	CORPS,	ESPRIT	et AME; l'âme aspire au
BEAU, « à la splendeur du vrai » (Platon), au réel épuré par l'idéal; qui consiste en			
	GRANDEUR,	UNITÉ,	VARIÉTÉ; effets qui révèlent en
DIEU,	PUISSANCE,	INTELLIGENCE,	AMOUR; et dans
l'HOMME,	GÉNIE,	TALENT,	GOUT; facultés qui s'exercent par
	PRATIQUE,	THÉORIE,	CRITIQUE, et Histoire littéraire.

Si le *Beau surprend*, il est *sublime*; on l'*admire* autant qu'on l'*aime*.

Le *Laid* résulte de la prétention sans moyens, du *Désordre* et de l'*Embarras* où elle fait tomber. S'il *surprend*, c'est le *Ridicule*, opposé et voisin du *Sublime*.

La Théorie littéraire distingue trois Genres, dont chacun a ses *convenances* propres, et qu'il est bon de n'étudier que successivement; ce sont les GENRES :

DIDACTIQUE ou SCIENTIFIQUE.	ORATOIRE.	POÉTIQUE.
BUT : Fixer, Instruire, Éclairer;	Intéresser, Convaincre, Persuader;	Charmer, Élever, Enthousiasmer.
MOYENS : Dépeindre;	Peindre;	Feindre.

SUJET : C'est la réalité, y compris les dispositions de l'auteur. Il faut *choisir* le sujet et en *dégager* l'objet ou l'idéal. La nature n'est une que dans son ensemble; l'artiste n'*imite* point, il crée (poète, en grec, veut dire *formateur*) d'après son aspiration au beau suprême.

STYLE : C'est l'expression et la vie; en prose, le vrai rendu beau; en poésie, le beau rendu vrai.

DIRECTION, CLARTÉ et PRÉCISION, à l'aide des *tropes* ou figures de mots :

- Catachrèse; toute physique;
- Métaphore; du physique au moral;
- Métonymie; par accessoires.

A l'aide aussi de quelques figures de pensée :

- Allusion;
- Comparaison;
- Périphrase;
  - Litote;
  - Euphémisme.

FORME : L'ensemble et le cadre.

- Définition;
- Description;
- Portrait;
- Narration;
- Dialogue;
- Pensées.

FABLE ou APOLOGUE; CONTE. (Placés ici, moins comme des formes du genre didactique proprement dit, que pour donner lieu à des exercices de narration, de dialogue, de petit discours et même de drame.)

MOUVEMENT, à l'aide des figures de pensée :

- Antithèse, antiphrase;
- Ironie;
- Suspension;
- Dubitation;
- Prétérition;
- Réticence;
- Répétition;
- Énumération;
- Gradation;
- Hyperbole;
- Communication;
- Concession, correction;
- Prosopopée.

Forme :

DISCOURS : Exorde, Proposition, Division, Narration, Confirmation, Réfutation, Péroraison.

- Démonstratif : Sermons, etc.
- Délibératif : Tribune, etc.
- Polémique : Barreau, Journaux.

HARANGUES (ordinairement improvisées, vraie éloquence) :

- Militaires;
- Civiles;
- Politiques.

LETTRES :

- D'affaires : Demander, remercier, refuser.
- De conseils : Exhorter, dissuader, concilier.
- D'affection : Féliciter, consoler, se confier.

ÉPÎTRES (ordinairement en vers) :

- Descriptives ou didactiques;
- Philosophiques;
- Fantastiques.

HARMONIE; ALLÉGORIE :

- Mesure : Quotité et quantité des syllabes.
  - Rhythme : Symétrie dans la mesure.
  - Cadence : Accent final et tonique, Césure.
  - Nombre : Quotité et place des accents toniques.
- Rime : Consonnance.
  - Nature : Masculine ou féminine.
  - Qualité : Riche ou suffisante.
  - Disposition, très variable : Stances, strophes, couplets, etc.

Forme : TABLEAU : Dieu, le monde, l'homme; d'où

POÉSIE LYRIQUE,

- Chantée. Sans refrain :
  - Hymne, cantique, psaume,
  - Ode;
  - Dithyrambe.
- Avec refrain :
  - Ballade, romance;
  - Cantate;
  - Chanson.
- Récitée, nombre de vers déterminé :
  - Triolet, rondeau, sonnet.
- Nombre de vers indéterminé :
  - Madrigal, Épigramme;
  - Satire, Idylle, Élégie.

ÉPIQUE (Prologue, récit, épilogue) :

- Épopée;
- Poëme héroï-comique;
- Roman : d'aventures, de caractères, de mœurs, historique;
- Histoire : dramatique, fataliste, philosophique.

Le Roman et l'Histoire peuvent s'étudier après la Poésie

DRAMATIQUE :

- Tragédie : Terreur et pitié.
- Comédie : (méprise et surprise), d'intrigue, de caractères, de mœurs, anecdotique.
- Opéra, opéra comique, vaudeville.
- Drame proprement dit; Mélodrame.

ÉCOLES : classique, romantique; ou hellénique, gauloise.

Bordeaux, imp. de J. Delmas, rue Ste-Catherine, 139.

RAPPORT

SUR

LA MÉTHODE PASIGRAPHIQUE

DE M. JONAIN,

PRÉSENTÉ

A LA SOCIÉTÉ PHILOMATHIQUE DE BORDEAUX [1].

(SÉANCE DU 27 MARS 1849.)

MESSIEURS,

M. Jônain, professeur de langues, a fait parvenir à la Société Philomathique un mémoire contenant l'exposition d'un procédé de son invention pour l'étude grammaticale des langues anciennes et modernes. L'auteur, qui est en instance auprès de l'autorité compétente pour être admis à enseigner sa méthode, a sollicité l'attention de votre compagnie pour obtenir sa recommandation.

Dès l'abord, Messieurs, votre commission a été unanime à penser que la méthode soumise à son appréciation, peut avoir une grande portée, et qu'il s'y trouve de quoi mériter les méditations des amateurs de linguistique. Aussi a-t-elle procédé avec maturité dans son examen; chacun de ses membres s'est imposé l'obligation d'étudier seul le système qui vous est présenté, avant de communiquer à ses collègues les impressions produites sur son esprit; ensuite, l'auteur a été mandé au sein de la commission pour fournir ses explications; quelques élèves, enseignés à l'aide de cette méthode, ont été questionnés minutieusement en

(1) Nous reproduisons de ce Rapport tout ce qui s'applique à notre hémipasigraphie sous la forme nouvelle; il aurait été certainement encore plus favorable, si cette forme eût été présentée aux honorables commissaires.

présence de vos collègues; ceux-ci se sont enfin réunis pour arrêter les bases du rapport que j'ai l'honneur de vous présenter.

Cette manière de procéder, Messieurs, vous pouvez déjà, jusqu'à un certain point, la prendre pour un éloge. — S'il eût été question d'un projet qui ressemblât à une utopie, si votre commission eût craint de vous engager dans la voie de l'inconnu, elle se fût arrêtée elle-même. Elle a pensé, au contraire, qu'une méthode dans laquelle tout se démontre de soi-même, qui paraît faciliter l'étude des langues, qui pourrait se substituer avec avantage à la routine, donner aux élèves une perception intellectuelle de ce qui n'est souvent pour eux qu'un travail mécanique de la plume, fournir enfin quelque moyen de suppléer aux tentatives infructueuses d'une langue universelle, votre commission, dis-je, a pensé qu'une méthode qui se présentait avec l'apparence de conditions de ce genre, valait la peine d'être examinée à fond. Si elle peut supporter la critique, qu'elle le fasse!

Dans notre investigation, Messieurs, nous avons cru devoir nous prémunir contre ce danger, si naturel à des hommes qui ont gémi plus d'une fois sur la difficulté des premières études, et qui, après avoir pâli eux-mêmes sur les classiques, souffrent encore souvent de voir les intelligences les plus généreuses se heurter contre les détails ingrats de la linguistique telle qu'elle a été enseignée jusqu'à maintenant. Nous avons dû faire violence à ce sentiment, qui nous porte à exagérer à nos yeux les bienfaits d'une innovation quelconque, et nous avons senti qu'il fallait en cette matière nous défier de la séduction du travail attrayant. Nous avons pris le temps de laisser se refroidir la satisfaction bien légitime que nous avons partagée au premier moment, et c'est après avoir mûrement réfléchi et conféré sur nos opinions, que nous vous apportons les résultats de nos recherches.

Le mémoire de M. Jônain renferme trois objets :

1° Quelques remarques sur les méthodes dont on se sert généralement pour l'enseignement de la lecture, et sur l'ordre alphabétique des vocabulaires ou dictionnaires des diverses langues;

2° Une méthode grammaticale que l'auteur nomme *hémi-*

pasigraphie, à l'aide de laquelle il propose, comme nous l'avons dit, de simplifier l'étude des langues sous le rapport des formes et de la syntaxe;

3° Un tableau synoptique des diverses opérations de l'esprit dans l'art d'écrire, la narration, la description et la fiction poétique.

Nous n'avons pas à nous occuper de cette troisième partie du travail de M. Jônain, vu que sa classification méthodique, malgré le mérite qu'elle peut avoir, n'a aucun intérêt relativement à la *méthode graphique*.

Les détails essentiels du premier objet supposant la connaissance de la méthode grammaticale, c'est par l'examen de celle-ci que nous entrons en matière.

L'auteur pense qu'il convient de commencer l'étude grammaticale par l'analyse logique du discours. Pour rendre ce travail plus profitable, il propose une innovation qui consiste à diviser le papier sur lequel doit se faire le travail en trois colonnes : une pour les propositions principales, une pour les propositions incidentes, et la troisième pour les propositions subordonnées.

Chacune de ces grandes colonnes est subdivisée en trois autres : la première pour les sujets, la seconde pour les verbes (il n'y en a qu'un, le verbe substantif), et la troisième pour les attributs. Une fois que l'esprit de l'élève se sera accoutumé à répartir les phrases et portions de phrases dans ces neuf colonnes, il lui sera facile d'analyser les propositions les plus compliquées, à cause de la clarté que cette sorte de tableau fera pénétrer dans son esprit.

Vient ensuite l'exposition de la méthode grammaticale proprement dite. L'auteur, connaissant les difficultés qui s'opposent à l'adoption d'une langue uniforme pour toutes les nations, voudrait doter la science d'une méthode tendant à suppléer à une langue universelle. Son procédé consiste à supprimer, dans l'écriture, les indications grammaticales de genres, nombres, cas, modes, temps, personnes, etc., pour les remplacer par un système de signes faciles à tracer et à comprendre, parlant aux yeux et à l'esprit en même temps. Quelques détails sont nécessaires pour montrer l'avantage et la facilité d'application de ce système.

Les éléments dont toute proposition se compose, peuvent être classés en deux sortes : les uns, purement grammaticaux, servant d'articulations au langage, les articles, les modes ou les temps des verbes, etc., demeurent fixes par leur essence, bien que les sons qui les représentent varient sensiblement d'une langue à une autre; et les autres, au contraire, sont essentiellement mobiles, comme le génie de chaque idiome, comme les formes que la pensée a revêtues dans chaque peuple pour la désignation des substances ou des actions. Par exemple, si je dis : *J'aime la musique*, je me sers d'abord d'un mot qui désigne ma propre personnalité, et cela dans toutes les langues, quoique avec des sons divers; le temps que j'assigne à mon action aura partout son équivalent; l'article ne changera que de forme; par contre, j'emploie le verbe *aimer*, dont le radical varie plus ou moins d'une contrée à l'autre; il en est de même du mot *musique*. Dans ces quatre mots j'emploie deux éléments variables et trois invariables. Si je trouve un moyen de représenter à toutes les nations ces éléments fixes par des signes faciles à saisir, je n'ai plus qu'à recourir à un dictionnaire polyglotte de radicaux, pour faire comprendre ma proposition à tout étranger connaissant ces signes. Dans l'expérience que nous avons faite par l'examen de quelques élèves, s'est présentée cette phrase de Lucien : *Où sont donc ces beaux et ces belles?* Nous n'y avons reconnu que deux éléments variables, *beaux* et *belles;* encore le second n'est qu'une flexion du premier. Le reste de la phrase se compose d'un adverbe de lieu, de l'indication interrogative, du verbe substantif, d'une conjonction conclusive, de deux adjectifs démonstratifs et de la copule, toutes fonctions grammaticales faciles à représenter par des signes. La phrase une fois *pasigraphiée*, c'est-à-dire écrite avec les signes que propose M. Jônain, il suffit de connaître la racine *beau* dans les diverses langues pour rendre la phrase intelligible dans une langue quelconque à qui connaîtrait les signes pasigraphiques. Il nous semble difficile d'aller plus loin en fait de grammaire générale.

On voit, par cet exemple, que M. Jônain ne prétend introduire aucun changement dans les radicaux usités par les divers peuples, ni même dans les sons multiples consacrés par l'usage pour les flexions; c'est une traduction graphique et optique par laquelle il représente aux yeux, d'une manière uniforme, tout l'appareil du mécanisme grammatical. C'est ainsi que nous pouvons expliquer le titre choisi par l'auteur; son *hémi-pasigraphie* est un procédé par lequel il représente uniformément la moitié environ des sons proférés dans toutes les langues......

L'usage de ces signes, surtout de ceux des prépositions, a l'immense avantage de permettre la décomposition graphique des mots, de manière à mettre à nu le radical seul, opération qui pousse à l'étude analytique de certaines formes ordinairement négligées.

Telle est, Messieurs, dans son ensemble et ses principaux détails, la méthode soumise à votre approbation. Votre commission a cru y reconnaître un progrès réel pour l'étude des langues; car, remarquons-le, quand il ne serait pas démontré qu'il y eût par cette voie une grande économie de temps pour l'étude des langues, il y aurait toujours un gain immense dans un procédé qui fait travailler à la fois les yeux et l'intelligence. L'emploi de ces signes est comme une algèbre qui pique la curiosité de l'élève, et l'excite à une analyse minutieuse, seule capable de lui faire employer avec discernement les équivalents graphiques destinés à représenter les idées. La première condition de cet emploi, on le comprend, est une étude préalable, aussi approfondie que possible, des formes et de l'analyse grammaticales. Sous ce rapport, les élèves, bien loin d'être dispensés du travail qu'ils ont fait jusqu'à maintenant, en font peut-être davantage; nous nous sommes assurés que, grâce à M. Jônain, ils le font mieux. Cette première préparation s'accomplit par l'étude de la langue maternelle; une fois la grammaire de cette langue parfaitement décomposée, le maître n'a plus qu'à en faire retrouver les éléments correspondants dans les langues étrangères et à faire appliquer à celles-ci les signes déjà connus.

Il est possible, Messieurs, que le temps et la pratique permettent de découvrir des améliorations à introduire dans cette méthode; l'auteur lui-même le reconnaîtra avec nous, il est rare que les procédés graphiques arrivent de prime-abord à leur perfectionnement; par exemple, on est aujourd'hui bien loin des premiers tâtonnements de la tachygraphie, et quand M. Jônain n'aurait fait que poser les premiers jalons dans une voie qui serait plus tard explorée avec de plus grands succès, nous croyons pouvoir dire que sa méthode, telle qu'elle est, répond à plusieurs conditions d'une pratique sûre, captivante, généralisante, capable de rendre le travail des études plus productif, et de développer l'intelligence des élèves linguistes d'une manière bien supérieure à toutes les méthodes à nous connues; tous ces avantages nous semblent permettre de la substituer au problème de la langue universelle.

Dans son mémoire, l'auteur donne quelques exemples d'analyse grammaticale, en français, en latin, en grec traduit en latin et en français, un exemple de correspondance commerciale en anglais et en français, où il ne reste plus de ces deux langues que les radicaux isolés et indécomposables. Une lettre de commerce de dimension ordinaire, traitée par ce moyen, ne représenterait tout au plus à celui qui la recevrait que huit ou dix termes inconnus, dont un dictionnaire de radicaux purs fournirait aisément le sens et la valeur.

Pour les langues inversives, l'auteur met à profit un système de traduction par colonnes, en sorte qu'en lisant par lignes verticales, l'élève trouve sa phrase dans la construction directe, tandis qu'en lisant par lignes horizontales, il retrouve la construction spéciale de la langue ou de l'auteur qu'il étudie.

Appliquée à une seule langue, l'analyse pasigraphique possède encore de la supériorité. Au lieu de couvrir son papier d'abréviations grammaticales, l'élève fait toute son analyse dans une petite colonne à gauche; le reste de la page est employé à l'estimation ou analyse éthique du sens du mot. Dans une petite colonne à droite, il indique les racines ou dérivés de ce mot, deux choses ordinairement impraticables.

Nous pouvons actuellement jeter un coup-d'œil sur la question des dictionnaires. Il est évident que dès que l'on aurait décomposé toutes les articulations grammaticales et toutes les flexions ou combinaisons des parties du discours, il ne resterait plus que des radicaux simples, dont on peut évaluer le nombre, au plus, à la moitié du nombre total des mots; ces radicaux seraient très brefs, la plupart monosyllabiques, surtout pour les langues de la branche saxonne. Les diverses langues étant une fois *pasigraphiées* d'une manière uniforme, il serait facile de saisir le sens d'une phrase dans toutes les langues à l'aide d'un vocabulaire de radicaux; ce vocabulaire serait sans doute beaucoup moins volumineux qu'il ne semble au premier abord. Nous en possédons déjà quelques-uns; mais ces livres ne suffisent pas à l'application de l'analyse *pasigraphique*. M. Jônain dit avoir commencé cette entreprise, que le temps ne lui a pas permis d'achever.

Ces dictionnaires devraient être organisés sur un principe tout différent de l'ordre alphabétique; l'auteur voudrait y appliquer une méthode qu'on pourrait nommer *naturelle*, consistant à classer les mots radicaux suivant les sons prononcés par les mêmes organes, en passant des plus simples aux plus compliqués : les voyelles, les labiales, les dentales, les palatales et les gutturales. On obtiendrait ainsi une classification parfaitement logique; on aurait, pour les mots, des familles naturelles, comme les botanistes en ont adopté pour les plantes, et dans lesquelles on trouverait chaque jour de précieux rapprochements; reste à savoir si de tels livres seraient d'un usage plus expédient que ceux dont nous nous sommes servis jusqu'à présent. Cette idée est appliquée, il est vrai, depuis des siècles, par les grammairiens de la langue sanscrite; mais nous n'avons pas pu l'examiner quant aux langues modernes.

Comme nous vous l'avons dit, Messieurs, nous avons voulu voir fonctionner la méthode pasigraphique; à cet effet, M. Jônain a réuni quelques élèves en notre présence.

— Nous avons commencé par appeler au tableau le plus faible d'entre eux; il n'étudie par la nouvelle méthode que depuis quatre mois, et encore sans beaucoup de régularité, à cause de sa santé délicate. Une phrase française lui a été dictée; il en a fait l'analyse assez rapidement dans la petite colonne *pasigraphique*, et l'a ensuite traduite en latin, en respectant les inversions idiomatiques, par le procédé que nous avons décrit. Nous n'avons pu qu'être frappés des avantages de ce qu'il possède déjà de la méthode, précisément en raison de ce qui lui manque.

Après cela, nous avons entendu un autre élève qui suit les leçons de M. Jônain depuis deux ans. Il a pris la phrase grecque de Lucien que nous avons citée, l'a analysée sans faute, et l'a traduite en latin et en français d'une manière pleinement satisfaisante. Nous sommes demeurés convaincus que l'élève comprend bien ce qu'il fait, chose difficile à affirmer de la plupart des élèves formés dans les classes ordinaires.

Voici en résumé le sentiment de votre commission :

Une méthode grammaticale qui diminue le travail mécanique des doigts (si fatal à la beauté de l'écriture à une époque où elle devrait se former) pour le remplacer par celui des yeux et de l'esprit, au moyen de signes plus ou moins imagés, comme ceux que nous avons décrits, ne peut qu'exercer une influence salutaire sur l'instruction classique. La méthode *pasigraphique* de M. Jônain, selon notre conviction, remplit cette condition essentielle d'un progrès pour les études; l'élève n'aura pas moins à faire, comme nous l'avons dit; son intelligence, au contraire, sera plus active, et son travail, par conséquent, plus productif. Perdrait-on quelque chose à économiser sur le temps de l'étude des langues pour fournir à l'adolescent le moyen de développer les forces de son corps par la pratique des travaux manuels de divers métiers, connaissance qui manque souvent à la discipline des hommes les mieux élevés? Pensons ensuite aux avantages que procure à l'étudiant cette grammaire générale, au moyen de laquelle il peut s'approprier la connaissance d'une langue quelconque. Enfin, mentionnons comme une chose possible, la perspective de faciliter les rapports internationaux de peuples parlant des idiomes très divers, sans rien changer à ces idiomes.

Votre commission, Messieurs, conclut à ce que la Société Philomathique de Bordeaux veuille bien encourager M. Jônain dans l'application de sa méthode, en lui témoignant sa satisfaction, et en s'associant autant que possible à toutes les démarches nécessaires pour populariser son procédé d'analyse grammaticale.

Nous croyons que c'est là un hommage bien mérité par les longs travaux auxquels l'auteur a dû s'astreindre pour obtenir les résultats actuels.

La Harpe fils, *rapporteur.*

MM. Rabanis, doyen de la Faculté des lettres ; Galli, professeur au Lycée national de Bordeaux ; Borchard, D.-M., directeur des Classes d'Adultes ;	*Membres de la Commission.*

A M. P. JÔNAIN, PROFESSEUR A BORDEAUX.

Monsieur et ancien Collègue,

Je m'empresse de vous annoncer que la commission chargée de l'examen de votre nouvelle *Méthode graphique*, a présenté son rapport à l'assemblée générale de la Société Philomathique qui a eu lieu hier soir. Les conclusions de ce rapport, en tous points favorables à votre savante découverte, ont été adoptées à l'unanimité, et l'assemblée a invité le comité d'administration à s'entendre avec vous pour concourir, autant que possible, à la publicité de votre travail, et vous aider à obtenir l'autorisation officielle que vous sollicitez pour enseigner votre méthode.

Je me félicite, Monsieur, d'avoir à vous transmettre cette décision, qui vous honore ; je vous prie en même temps de vouloir bien me donner les indications que vous croirez utiles pour que le comité puisse satisfaire aux vœux de l'Assemblée générale.

Recevez, etc.

Le Secrétaire général,

Alexandre Léon.

Bordeaux, le 28 mars 1849.

AU MÊME.

Université de France. — Académie de Bordeaux.

2 Février 1849.

Monsieur,

Je viens de recevoir et de lire avec un vif intérêt la méthode ingénieuse dont vous êtes l'inventeur, et que vous avez appliquée avec succès dans votre enseignement.

L'importance du sujet que vous traitez me prescrit un examen plus sérieux de votre ouvrage; dans peu de jours, Monsieur, j'espère pouvoir répondre plus complètement à votre communication, et n'admettre aucune réserve dans les éloges que mérite votre travail.

Agréez, etc. *Le Recteur,* RUELLE.

Bordeaux, 11 août 1849.

Monsieur,

J'ai lu avec intérêt le mémoire que vous m'avez adressé, et j'ai apprécié le mérite de votre ingénieuse méthode. Je regrette qu'il ne me soit point permis d'approuver les ouvrages destinés aux établissements d'instruction publique; mais si vous le présentez à M. le Ministre pour avoir son approbation, je me ferai un plaisir de donner un avis très favorable sur votre invention.

Agréez, etc.

Pour le Recteur :

L'Inspecteur, VALAT.

ENSEIGNEMENT PROMPT ET FACILE DES LANGUES.

ATTESTATIONS EN FAVEUR DE LA MÉTHODE GRAPHIQUE.

Pierre Jônain, bachelier ès-lettres et en droit, professeur de langues et de littérature, inventeur de signes *graphiques* pour démontrer aux yeux comme à l'intelligence la grammaire générale et l'analyse grammaticale et logique des langues, soit anciennes, soit modernes, a enseigné par sa Méthode les *premiers* éléments du latin et du grec aux élèves ci-après, dans l'espace de temps qui va être déterminé; savoir :

M. René de Bastard, après vingt-quatre mois de leçons, est entré en cinquième au Lycée de Bordeaux et y a fréquemment obtenu des places distinguées;

M. Jules Lubbert, après vingt mois de leçons *interrompues*, est reconnu capable d'entrer en sixième;

MM. Iwar Reddelien, Lucien Jannesse, Ferdinand Kirstein, Charles Gaden, après vingt mois des mêmes leçons, sont reconnus bons élèves de sixième;

Tous ces enfants sont de l'âge de dix à douze ans;

M. Édouard Kirstein, plus âgé d'un an ou deux, après vingt mois des mêmes leçons, *partagées entre lui et ses jeunes condisciples*, est reconnu capable d'entrer en quatrième.

Ce ne sont donc que deux années d'études, au lieu de trois, qu'exigent les Méthodes ordinaires; c'est un tiers du temps de gagné. Mais, de plus, il faut observer qu'au lieu de quatre heures de classe par jour, la Méthode graphique n'emploie qu'une heure et demie ou les trois huitièmes du temps quotidien, ce qui fait une économie totale des *trois quarts*. Les heures d'*études* sont aussi très abrégées.

Le dégoût ordinairement si précoce des élèves et la fatigue du professeur subissent une réduction proportionnelle. L'intelligence se développe en plusieurs directions sans effort.

Tels sont les effets d'une méthode naturelle et simple, qui *est à la Grammaire ce que les cartes et les globes sont à la Géographie.*

A Bordeaux, après examen public, le vingt-six août mil huit cent quarante-huit.

Nous soussignés, pères de famille et examinateurs, attestons la vérité des faits exposés ci-dessus.

Signé : DE BASTARD, conseiller à la Cour d'Appel de Bordeaux. — F.-A. LUBBERT. — J.-M. REDDELIEN. — AD. GADEN. — H.-E. KIRSTEIN. — H. JANNESSE. — CÉLESTIN GALLI, professeur au Lycée. — AUG. BOURGAILH, bachelier ès-lettres. — E.-J. MENOT, professeur. — FERD. SCHRADER, instituteur du degré supérieur.

Je soussigné, me fais un plaisir et un devoir d'attester, après expérience faite sur mon jeune garçon, de quelques leçons de la *Méthode graphique* de M. Jônain, que cette Méthode, en s'adressant essentiellement à l'intelligence des élèves, les initie d'une manière ingénieuse aux premiers principes de la Grammaire générale et les prépare convenablement à l'étude des grammaires particulières de chaque langue.

Bordeaux, le 28 août 1848.

J.-J. VILLARET, pasteur de l'église réformée de Bordeaux.

Le soussigné s'associe avec empressement aux témoignages honorables qui attestent les succès de l'enseignement de M. Jônain : c'est une justice que méritent à la fois les excellents principes et la solide instruction de ce professeur.

Bordeaux, le 28 août 1848.

J. RABANIS, doyen de la Faculté des Lettres.

Bordeaux.— Imp. de J. DELMAS, rue Ste-Catherine, 139.

DU MÊME AUTEUR :

GRAMMAIRE GÉNÉRALE, particulière pour le latin et le français. — Paris, Hachette; Issoudun, Cotard.

FABLES DE BABRIUS, première traduction en vers français. — Bordeaux, Delmas; Paris, Hachette.

POUR PARAITRE :

TRADUCTIONS EN VERS : LE LIVRE DE JOB.
LES BUCOLIQUES DE VIRGILE.
CHANTS ET BALLADES DE ROBERT BURNS, etc.

— EN PROSE : DESCRIPTION DES RIVIÈRES DE FRANCE, par Papire Le Masson.

ŒUVRES ORIGINALES : LEÇONS MÉTHODIQUES DE LITTÉRATURE, avec exemples gradués par siècles.
FABLES.
CHANTS DE VILLAGE ET D'ÉCOLE PRIMAIRE.

Bordeaux.— Imp. de J. DELMAS, rue Ste-Catherine, 139.

www.ingramcontent.com/pod-product-compliance
Ingram Content Group UK Ltd.
Pitfield, Milton Keynes, MK11 3LW, UK
UKHW031922260826
14628UKWH00003B/1358

9 782011 783998